MÉMOIRES

POUR SERVIR A L'HISTOIRE

DE LA

MAISON DE CONDÉ.

Cet ouvrage, imprimé sur les manuscrits autographes, contient la vie du Grand-Condé, écrite par feu monseigneur le prince de Condé, la correspondance de ce prince avec tous les souverains et princes des familles royales de l'Europe.

TOME DEUXIÈME.

A PARIS,

CHEZ L'ÉDITEUR, RUE DES BONS-ENFANTS, N°. 34.

M. DCCC. XX.

MÉMOIRES

POUR SERVIR A L'HISTOIRE

DE LA

MAISON DE CONDÉ.

PRÉCIS

DE LA VIE

DE

LOUIS-JOSEPH DE BOURBON,

PRINCE DE CONDÉ.

PRÉCIS DE LA VIE DE LOUIS-JOSEPH DE BOURBON, PRINCE DE CONDÉ.

> Condé, Bourbon, Enghien, se font d'autres Rocrois,
> Et, prodigues d'un sang chéri de la victoire,
> Trois générations vont ensemble à la gloire.
>
> DELILLE.

QUE d'hommes n'ont dû leur célébrité qu'à celle de leur panégyriste ! Il a suffi du nom de Tacite pour léguer à la postérité, selon son expression, un général romain que ses vertus et ses exploits n'eussent peut-être point sauvé de l'oubli (1). Frédéric-le-Grand, en traçant les annales de sa maison, prêta en quelque sorte un rayon de sa gloire à des ancêtres qui n'eussent figuré que dans une aride chronologie. Ici, par une rencontre dont il n'y avait point encore eu d'exemple, le héros et l'historien sont dignes l'un de l'autre, dignes tous deux du nom de Bourbon et du sang de saint Louis. Lorsque le petit-fils érige à son aïeul un monument immortel, puisse-t-il trouver ici une esquisse légère de quelques-uns de ses traits !

---

(1) *Agricola.*

Louis-Joseph de Bourbon, quatrième descendant du grand Condé, naquit à Paris le 9 mars 1736. Il devait le jour au duc de Bourbon, communément appelé *Monsieur le Duc*, qui prit les rênes du gouvernement à la mort de Philippe d'Orléans, régent du royaume. Sa mère était une princesse de Hesse-Rothenbourg. Le jeune prince avait à peine cinq ans que déjà il était orphelin; le comte de Charolois, son oncle, promit de lui servir de père, et tint noblement parole.

L'auguste enfant sentit de bonne heure son cœur battre au nom du grand Condé. Les sages instituteurs préposés à son éducation eurent soin de lui faire remarquer que le vainqueur de Rocroi n'était pas seulement un grand capitaine, mais un héros chrétien; ils le lui montraient cherchant, au sortir des batailles, ses plus doux plaisirs dans la culture des lettres, et se délassant de sa gloire dans le sein de la religion. Louis-Joseph manifesta, dès ses plus tendres années, les mêmes goûts, les mêmes sentimens : toute sa vie, il dut aux uns ses plus délicates jouissances; aux autres, ses plus précieuses consolations.

Unique rejeton d'une branche chère à la gloire et à la France, le prince de Condé, à peine âgé de dix-sept ans, se laissa facilement persuader de donner sa main à Charlotte-Godefride de Rohan-Soubise. Ce n'était pas la première fois que le sang de nos rois daignait s'allier à celui des plus illustres maisons du royaume. Le grand Condé lui-même ne devait-il point le jour à une Montmorency?..

Des études militaires très-approfondies, et plus encore la lecture des annales de sa race, faisaient souhaiter vivement au jeune prince l'occasion de se montrer dans les camps, et de se faire reconnaître du soldat pour le digne sang de Condé. Elle s'offrit bientôt à son ardeur : il n'avait pas encore atteint sa vingtième année, quand s'alluma ce vaste incendie, si connu sous le nom de guerre de sept ans.

Louis XV, par le traité de 1756, s'était engagé à fournir à l'impératrice Marie-Thérèse un secours de vingt-quatre mille hommes : il en mit plus de cent mille en campagne. Pendant que le maréchal d'Estrées passait le Weser pour pénétrer dans le Hanovre, deux autres corps se portaient sur le Rhin et sur le Mein. Le prince de Condé rejoignit l'armée du maréchal d'Estrées, en qualité de lieutenant général. La somptuosité qu'il y déploya ne se bornait pas à un vain luxe : sa table était ouverte à tous les officiers. A l'affabilité de ses manières avec eux, à l'ardeur avec laquelle il partageait leurs dangers, on eût dit qu'à l'exemple de César il aspirait plutôt à être regardé comme leur camarade que comme leur chef : *potiùs commilito quàm dux*.

De brillans faits d'armes signalèrent ses premiers

pas dans la carrière. Partout où il y avait un péril à braver, *une leçon à prendre*, selon sa propre expression, les vieux compagnons d'armes du maréchal de Saxe voyaient accourir le jeune prince. Si on eût écouté son bouillant courage, il n'eût point quitté les avant-postes : les égards rendus à son rang n'étaient pour lui que des entraves à sa belliqueuse impatience.

Elle trouva bientôt cependant à se satisfaire dans une journée décisive. Ce fut celle d'Hastenbeck. L'ennemi fut attaqué et forcé dans des positions difficiles. Son artillerie, avantageusement placée, faisait d'affreux ravages dans les rangs de l'armée française. Le prince de Condé se trouvait tellement exposé au feu d'une batterie formidable, que le comte de la Touraille, son premier gentilhomme, crut devoir le supplier de faire quelques pas à gauche, pour ne plus se trouver dans la direction des boulets. « Moi ! répondit tranquille-« ment le jeune héros, je ne trouve point ces « précautions dans l'histoire du grand Condé ! »

Le lendemain de la bataille, il rassembla autour de lui les officiers généraux dont il appréciait les lumières. Il leur soumit quelques questions sur les événemens de la veille, et demanda à être éclairé par leurs observations. Mais autant il prenait d'intérêt à la discussion loyale des faits, autant il se fût montré offensé d'une censure directe des opérations du général en chef. Il se croyait engagé par devoir, et par son rang même, à donner le premier exemple de la subordination militaire.

Mais, tandis que le maréchal d'Estrées remportait une victoire, les ordres de la cour étaient déjà partis pour lui signifier son rappel. Le prince de Condé vit sa disgrâce avec peine. Cependant le maréchal de Richelieu, qui lui succéda dans le commandement, poursuivit ses opérations de la manière la plus brillante. En un mois, il poussa le duc de Cumberland jusqu'à l'embouchure de l'Elbe, et le contraignit à capituler avec toute son armée.

Cette convention de Closterseven fut célébrée en France comme un triomphe décisif. Le jeune prince de Condé en jugea mieux : il prévit que cette capitulation, sans autre garantie qu'une puissance aussi peu imposante que le Danemark, serait violée dès que les Anglais croiraient pouvoir le faire impunément. L'événement ne justifia que trop ses craintes, ne fit que trop éclater sa prévoyance. De ce jour, l'on put voir que la saine politique ne lui était pas plus étrangère que la science des armes.

Le prince de Condé n'eut point la douleur de se trouver au désastre de Rosbach, douleur qui eût été d'autant plus vive pour lui, que le général auquel la France eut à reprocher cette fatale journée était le prince de Soubise son beau-père.

Mais il combattait à ses côtés l'année suivante

(1758.), lorsque ce général, brûlant de laver son affront dans le sang de l'ennemi, le battit dans dix combats, et le défit enfin à la bataille de Hetzel-berg.

Le jeune prince, dans cette campagne, avait fait preuve, aux yeux de l'armée, d'un genre de mérite qui lui était particulier, et qu'il déploya depuis en cent occasions. Un coup d'œil extrêmement juste, une activité rare, le rendait singulièrement propre à ces expéditions détachées, connues sous le nom général de *petite guerre*. Plusieurs fois il enleva des convois considérables à de grandes distances derrière l'ennemi.

Mais, dans les actions générales, où le commandement suprême n'était point entre ses mains, son courage malheureusement fut plus souvent employé à réparer des fautes qu'à assurer des succès. C'est ainsi qu'à la funeste journée de Minden, où il commandait une réserve de cavalerie, il chargea trois fois le vainqueur, et trois fois le força de s'arrêter pour donner le temps au maréchal de Contades de recueillir ses débris.

C'est ainsi encore que dans les deux campagnes suivantes, sans cesse en tête des colonnes, échauffant le courage des soldats par ses paroles et ses exemples, manœuvrant avec une habileté trop peu commune dans cette guerre où les combinaisons et la tactique du grand Frédéric avaient tout changé, plusieurs fois il lui suffit d'un mouvement hardi pour faire dire aux généraux qui lui étaient opposés : Le prince de Condé est là !

Obligé, malgré l'élévation de son rang, de s'astreindre au plan d'opération du général en chef, il ambitionnait, comme une faveur, d'être chargé d'une mission où il pût signaler plus spécialement ses talens et son zèle. Ses vœux furent exaucés vers la fin de la campagne de 1761. Le prince de Soubise lui confia une partie de son armée pour s'emparer d'un point, auquel les circonstances donnaient une importance extrême : c'était la ville de Meppen, sur l'Ems inférieur.

Le jeune prince manœuvre avec habileté, trompe entièrement l'ennemi sur ses desseins, gagne plusieurs marches sur lui, tombe à l'improviste sur Meppen, et somme le gouverneur de se rendre. Sur son refus, ses dispositions sont faites à l'instant pour l'attaque. La place, ceinte d'un mur épais et de fossés profonds, était en outre défendue par plusieurs ouvrages palissadés. Il fallut ouvrir la tranchée, établir des batteries; et dans ce jeune prince, si impétueux à la tête d'un corps de cavalerie légère, se déployèrent tout à coup des talens qu'il devait à la variété prodigieuse des études qui avaient occupé sa jeunesse. Il fut lui-même son premier ingénieur, dirigea les travaux du siége au milieu d'un feu violent, et se préparait à livrer un assaut au corps de la place, lorsque le gouverneur jugea prudent de la lui rendre.

Il ne manquait plus à la gloire naissante du jeune héros que de se mesurer avec un adversaire digne de lui : ses vœux ne tardèrent pas à être exaucés. L'élève chéri de Frédéric-le-Grand, le prince héréditaire de Brunswick, offrait d'étonnans rapports avec le prince de Condé : même âge, éducation aussi accomplie, ardeur belliqueuse aussi vive ; tous deux se sentirent flattés de se voir en présence l'un de l'autre.

Ce fut à Grummingen, dans la campagne de 1762. Le prince héréditaire n'eut pas plutôt aperçu son ennemi, qu'il résolut de l'attaquer. A l'aspect du terrain qu'occupait l'armée française, il avait judicieusement calculé qu'elle devait être gênée dans ses mouvemens. Mais ce fut précisément de ces mamelons escarpés, de ces ravins profonds que le prince de Condé sut tirer avantage. A la vivacité des attaques, à l'acharnement avec lequel toutes les positions étaient disputées, on eût senti que deux jeunes guerriers se disputaient la victoire. Prodigue de sa vie, portant lui-même ses ordres au milieu du feu le plus violent, le prince retraçait aux yeux de tous ses officiers le grand Condé aux pieds des retranchemens de Fribourg.

En vain l'élève de Frédéric eut-il recours à tous les secrets de cette tactique prussienne qui avait opéré tant de prodiges à Lissa, à Lignitz, à Torgau ; le prince français semblait deviner ses manœuvres, et il lui en opposait d'autres qui attestaient toutes les ressources d'un génie vraiment militaire. Il fit même admirer aux connaisseurs un genre de talent que l'on s'attendait peu à rencontrer dans un jeune prince, quoiqu'il en eût déjà donné des preuves au siége de Meppen : c'est l'art important de disposer ses batteries. Celles de l'ennemi étaient presque toutes réduites au silence avant la fin de l'action.

Désespérant de forcer les positions de son adversaire, et menacé lui-même dans les siennes, le prince de Brunswick les abandonna, et se hâta de mettre la rivière de Wetter entre le prince de Condé et lui.

Mais les deux armées étaient encore trop voisines l'une de l'autre, pour que le caractère entreprenant des généraux qui les commandaient ne dût pas faire pressentir une nouvelle lutte entre ces jeunes rivaux de gloire. En effet, le prince de Condé ne tarda point à apprendre qu'après avoir été renforcé par ce général Luckner que nous avons vu vivre et périr si misérablement en France, le prince héréditaire s'était rapproché de Friedberg, dans la Hesse. Il occupait un camp retranché, à quelque distance de cette ville, sur un terrain naturellement fortifié par des bois et des ravins.

Le prince de Condé, en s'approchant de l'ennemi, reconnut aussitôt de quelle importance il était pour lui de s'emparer des hauteurs de Johannisberg, qui ont donné leur nom à cette action. Il les fit promptement garnir par son avant-garde; mais ce fut alors aussi que le prince de Brunswick s'aperçut de la faute qu'il avait faite en se laissant prévenir, et il résolut de la réparer sur l'heure, à tout prix.

L'attaque fut excessivement vive : favorisés par des bois épais, qui avaient dérobé la marche d'une de leurs colonnes, les Prussiens se croyaient déjà maîtres du sommet des collines, lorsque le prince de Condé se porta en personne sur le point menacé. Un coup d'œil rapide lui suffit pour se décider. Il forma ses intrépides grenadiers royaux en colonnes, leur défendit de tirer, et les précipita sur l'ennemi. Rien ne put résister à cette charge impétueuse : les Prussiens rompus et culbutés, descendirent la montagne dans un désordre complet. Arrivés dans la plaine, ils essayèrent de se reformer sous la protection de leur cavalerie: mais le prince de Condé les pressait trop vivement pour leur en donner le temps; à la tête de quelques escadrons de gendarmerie et de dragons, il chargea deux fois cette cavalerie et la détruisit presque entièrement.

Mais l'infanterie qui formait le centre du prince héréditaire était encore intacte, et elle était couverte par un ravin profond, dans lequel coule le Wetter. Ce fut là encore que le prince de Condé donna de nouvelles preuves du talent admirable avec lequel il plaçait ses batteries : il foudroya ces masses d'infanterie, dernière espérance de son adversaire, et n'eut ensuite qu'à se porter sur elles pour les enfoncer. De ce moment la victoire fut complète; et elle était d'autant plus glorieuse, que le prince héréditaire l'avait disputée tout à la fois en général habile et en vaillant soldat : il y reçut un coup de feu que, pendant quelques jours, on crut mortel. Toujours parfait chevalier, toujours Bourbon, le prince de Condé envoya son premier chirurgien au noble ennemi dont il venait de triompher. Il lui adressa une lettre remplie des témoignages de sa haute estime.

Il lui était réservé de mettre le comble à ces procédés généreux. Lorsque la paix fut rétablie, le prince héréditaire, devenu duc de Brunswick, voyagea en France. Ses premiers pas se dirigèrent vers Chantilly. Il savait que Louis XV avait orné ce séjour glorieux du vainqueur de Johannisberg de plusieurs canons enlevés aux Prussiens dans cette mémorable journée. Le duc chercha involontairement des yeux des trophées qui ne pouvaient réveiller en lui que d'amers souvenirs; et, ne les trouvant pas, son cœur lui révéla aussitôt quelle attention délicate les avait soustraits à ses regards. « Ah! Prince, s'écria-t-il, vous avez
« voulu me vaincre deux fois : à la guerre, par
« vos armes ; dans la paix, par votre mo-
« destie. »

En moins de huit jours, le prince de Condé avait gagné deux batailles sur un émule qui, dans vingt combats, avait forcé les Français eux-mêmes à l'admiration. Aussi, son retour à Paris fut-il pour lui un triomphe d'autant plus flatteur qu'il était moins préparé, et que les hommages étaient plus libres. Le hasard le conduisit au spectacle un jour où l'on y donnait une petite pièce, intitulée *Heureusement*. Un jeune militaire, soupant avec une jolie femme, lui dit : « *Je bois à* » *Cypris !* » Elle répond : « *Et moi, je bois à* » *Mars !* ». Le public transporté fit l'application de ce mot au digne fils du grand Condé.

Mais, pendant qu'il avait combattu pour la gloire de la France, un coup cruel s'était fait jour jusque dans le fond de son cœur. La princesse de Condé était descendue dans la tombe à la fleur de l'âge. Cette perte cruelle répandit sur l'existence du plus tendre époux une mélancolie que vainement quelquefois il essayait de dompter. L'estime et l'amitié personnelle du roi, plus encore que les prérogatives de son rang, semblaient devoir le fixer à la cour ; mais la solitude était devenue un besoin de son ame attristée : il alla en jouir dans cette retraite, chère aux princes de son sang, où le grand Condé lui avait appris quel doit être le délassement des héros. Ainsi que Bossuet l'avait dit du vainqueur de Rocroi, « Sans envie, sans « fard, sans ostentation, toujours grand dans

« l'action et dans le repos, il parut à Chantilly
« comme à la tête des troupes. Qu'il marchât
« avec une armée parmi les périls, ou qu'il con-
« duisît ses amis dans ses superbes allées, au bruit
« de ces jets d'eau qui ne se taisaient ni jour ni
« nuit ; c'était toujours le même homme, et sa
« gloire le suivait partout. »

Les lettres, les sciences, les arts, offraient à son
esprit les plus douces et les plus nobles jouissances.
Comme le grand Condé, il pensait que « la con-
« versation des gens de lettres répand des charmes
« sur tous les âges de la vie ; qu'elle forme l'en-
« fance, éclaire la jeunesse, occupe l'âge mûr,
« console la vieillesse, n'effraie que les faibles, et
« délivre des sots. » Aussi voyait-on souvent à la
table du prince les littérateurs dont les ouvrages
avaient charmé ses loisirs. Toujours aimable avec
eux, quoique évitant toujours l'excès de la familiarité, il était l'ame des conversations. Meilleur
appréciateur que personne d'une heureuse saillie
ou d'un bon mot, jamais il n'eût souffert en sa présence ces railleries irréligieuses, ni même ces sen-
tences philosophiques auxquelles les écrits de Voltaire avaient donné, à cette époque, une vogue si
funeste.

Cette foi sincère, cette piété, qui fut celle de tous
nos anciens preux et de nos plus grands hommes,
avait établi de bonne heure une amitié vive et
durable entre deux princes à peu près de même

âge, et dont la jeunesse avait également échappé à la corruption du siècle, le dauphin, fils de Louis XV, et le descendant du grand Condé. Une parfaite conformité de goûts et de principes resserrait chaque jour cette étroite et noble union.

Le roi, pour l'instruction militaire de l'héritier du trône, avait ordonné un camp près de Compiègne. Le prince de Condé vola auprès de son auguste ami, et le dauphin se plut à recevoir de lui les premières leçons d'un art où ses premiers essais l'avaient déjà placé au rang des maîtres. Plus d'une fois on vit avec une sorte d'attendrissement l'héritier de la couronne, placé à la tête de son régiment, comme simple colonel, s'empresser de rendre les honneurs militaires au jeune prince son ami, qui occupait un grade supérieur dans l'armée.

Peu de temps après, le dauphin n'était plus. Personne ne lui donna de larmes plus abondantes et plus sincères que le prince de Condé. S'il avait eu le bonheur de lui faire part des fruits de son expérience dans l'art de la guerre, il avait reçu, par un noble échange, la confidence des travaux secrets et profonds auxquels l'héritier du trône s'était livré sur toutes les branches de l'administration.

Il trouva bientôt l'occasion de mettre à profit les lumières qu'il avait puisées dans ces graves entretiens. Succédant à ses ancêtres dans le gouvernement de la Bourgogne, il avait toujours placé au rang de ses premiers devoirs l'étude des besoins et des ressources de cette importante province.

Une lutte violente venait de s'engager entre le parlement de Dijon et le ministère, qui, dès lors, méditait de mettre des bornes à l'autorité que prétendaient exercer les cours souveraines dans des matières de politique et d'administration.

Voulant concilier ce qu'il devait au trône comme prince du sang, et ce qu'il devait à la province dont il était le protecteur né, un guerrier, sortant à peine du tumulte des camps, s'entoura de magistrats et de jurisconsultes, comme naguère il était entouré des compagnons de ses victoires. Rien ne rebuta son zèle pour pénétrer dans une carrière si nouvelle pour lui. Avec la même ardeur dont on l'avait vu étudier César, Polybe, Végèce et Vauban, on le vit s'enfoncer dans l'aride lecture des chartes et des chroniques. Avide de recherches et d'instructions de tout genre, son esprit sut tirer de ce pénible travail de véritables richesses. Peu d'hommes en France auraient pu être mis en parallèle avec le prince de Condé, pour la connaissance approfondie des principes constitutifs de notre antique monarchie.

Le parlement de Bourgogne le supplia de présenter au roi des remontrances qu'il avait cru devoir lui adresser. Avant de satisfaire aux vœux de ce corps, le prince voulut prendre une connaissance attentive de cet écrit. Il applaudit à des passages,

tels que celui-ci : « Sire, la conservation des
« mœurs est non moins nécessaire à la félicité
« d'un peuple, que la bonne administration des
« deniers publics. Que V. M. étende donc sa main
« souveraine pour réprimer ce levain corrupteur,
« cette rouille de l'argent qui ronge les cœurs, avilit
« les ames, anéantit les bons sentimens, confond
« tous les rangs, et détruit la gradation si essen-
« tielle dans un état monarchique ! »

Mais bientôt, emportés par un zèle indiscret, les magistrats adressaient au monarque le langage qu'ils auraient pu tenir à ses ministres. Le prince, dans une réponse de quelques lignes, donna la mesure complète de la justesse de son esprit, et de l'équité de son ame : « Vos réclamations sont
« fondées, mandait-il au parlement, et je les
« appuierai auprès du roi; mais vos expressions
« ne sont point assez mesurées, et je ne me char-
« gerai point de les transmettre à S. M. Songez
« donc, je vous en prie, que la pièce dont vous
« m'avez rendu dépositaire est intitulée : *Très-*
« *humbles et très-respectueuses remontrances.* »

Ses observations produisirent tout l'effet qu'il en attendait. Il obtint que les vœux de la province fussent exaucés; et la majesté du trône fut respectée.

Il se présenta bientôt une autre circonstance, où le prince fit éclater, de nouveau, le discernement avec lequel il savait mettre en harmonie son respect pour les décisions du souverain, avec l'indépeudance de ses opinions personnelles. Après de violens et scandaleux débats, l'ordre des jésuites fut supprimé. L'on attachait une grande importance dans le monde à savoir quel était l'avis du prince de Condé sur une affaire que l'on regardait, non sans raison, comme une question d'État. Sachant de quel poids sont, en pareil cas, les paroles d'un prince de la maison royale, il évitait de s'expliquer.

Il ne fut cependant point des derniers à lire le fameux *Compte-rendu* de M. de la Chalotais. Ce magistrat, comme on le sait, ou, plus probablement d'Alembert par son organe, y poussait la partialité contre les jésuites jusqu'à nier que jamais ils eussent rendu le moindre service aux lettres. « Ah! s'écria le prince de Condé, en riant, « je demande grâce pour le père Jouvency et le « père Catrou, qui m'ont appris le latin; pour « le père Pétau, qui m'a enseigné la chronologie; « et même pour le père Bourdaloue, dont les « sermons valent quelquefois ceux de nos philo- « sophes! »

L'arrêt suprême fut enfin prononcé. Des gens de lettres que le prince admettait dans son intimité accoururent avec tout l'empressement de la joie, pour lui annoncer l'expulsion des jésuites. Sans faire éclater aucune surprise, le prince, après un moment de silence, prononça ces paroles qui, depuis, ont acquis une grande importance : « Voilà « donc une corporation que bien des gens re- « gardaient comme une des colonnes de l'église, « abattue sous les coups d'une ligue puissante ! « Dans la tendance actuelle des esprits vers l'irré- « ligion, que va-t-on mettre à la place de ceux « que l'on renvoie ? »

Le prince ne se borna point envers les jésuites à une pitié stérile. Il se fit remettre une liste de ceux qui allaient se trouver sans asile et sans ressources ; et il leur assigna des pensions qui ont toujours été fidèlement acquittées.

Si sa bienfaisance s'étendait sur des individus qui n'avaient d'autres titres à ses yeux que ceux de leurs malheurs, on doit se figurer facilement avec quelle sollicitude véritablement paternelle il veillait sur les besoins de ses vassaux, et des peuples spécialement confiés à ses soins. Des manufactures furent établies à Chantilly ; les indigens y trouvèrent un travail utile : les infirmes étaient nourris au château.

Attirés par les volontés expresses, et défrayés par les largesses du prince, on vit arriver dans ce brillant séjour de simples cultivateurs de la Bourgogne, qui avaient à réclamer la protection de leur gouverneur. L'un d'eux lui parla, sur divers objets d'administration, avec une franchise qui le charma. « Voilà, disait-il, *le paysan du Danube !* »

Des Bourguignons d'un ordre plus relevé furent

invités à venir jouir des merveilles de Chantilly. On y vit paraître, d'abord, le peintre sublime de la nature que le prince lui-même avait visité dans sa retraite de Montbard. Buffon avait reçu de magnifiques éloges de plusieurs grands de la terre. Il reçut du prince de Condé ces égards que le vrai mérite rend au talent. Il fut consulté sur tous les projets d'embellissement et d'utilité; et il laissa des traces de son passage, en traçant, pour le cabinet d'histoire naturelle, un plan de classification que Valmont de Bomare fut chargé d'exécuter.

Ce fut dans la même année (1765) que le prince désira connaître un autre enfant de la Bourgogne, qui devait sa célébrité à un genre bien différent : c'était le joyeux Piron, dont la famille, depuis plus d'un siècle, était attachée à la maison de Condé. Doué d'autant de tact que d'esprit naturel, l'auteur de *la Métromanie* sentit quelle réserve il devait s'imposer pour plaire à un prince non moins ami des bonnes mœurs que des belles-lettres. Il fut plaisant sans être cynique, et courtisan sans être adulateur.

Né à Dijon, Rameau dut peut-être plus encore à son origine qu'à ses grands talens l'honneur d'être appelé dans la retraite du héros. Il fut singulièrement surpris d'entendre un prince qui venait de parler de science avec Buffon, et de réciter des vers avec Piron, fredonner avec lui les plus beaux airs de ses opéras.

Plus d'un peintre trouva aussi des leçons de goût à Chantilly, à une époque où il semblait totalement exilé de Paris et de la France.

L'amour du prince de Condé pour les arts, les connaissances profondes qu'il avait acquises dans ceux qui contribuent le plus efficacement à la splendeur des Etats ou aux nobles jouissances de la vie, trouvèrent à se déployer avec éclat dans la construction du palais Bourbon.

Ce palais, lorsque le prince habitait la capitale, offrait la réunion, ou plutôt l'élite, de ce qu'elle renfermait d'hommes distingués en tout genre. « Oh! le beau temps, s'écriait-il quelquefois avec « enthousiasme, où le grand Condé pouvait réu-« nir à sa table Corneille, Racine, Molière, Boi-« leau, La Fontaine, Lebrun, Mignard et Lulli! » Moins heureux que son aïeul, le prince de Condé ne jouit pas du plaisir de se voir entouré de génies aussi sublimes ; mais l'éclat des talens n'était pas le premier titre à ses yeux. Le siècle où il vivait lui présenta trop souvent l'union affligeante de grands talens et d'une grande corruption. Ami sincère de la vertu, jamais il ne se laissa éblouir par des réputations qui ne lui paraissaient point fondées sur un vrai mérite. Plus d'une fois des personnes honorées de sa confiance lui demandèrent la permission de lui présenter de ces littérateurs philosophes dont la funeste engeance pullulait à cette époque. Il les repoussait toujours : «J'aime mieux,

« répondait-il, les bons esprits que les beaux es-
« prits. »

C'est d'après ce discernement judicieux que
le prince se plaisait à réunir fréquemment à des
repas, qu'il appelait ses dîners militaires, la plupart de ses anciens compagnons d'armes et les
jeunes officiers qui méritaient d'y être admis sous
leurs auspices. Le résumé de ces conversations
chevaleresques eût offert un cours complet de
l'honneur français, plus encore que des leçons de
tactique.

Tant de hautes qualités, rehaussées par le caractère le plus affable, l'esprit le plus délicat,
avaient acquis au prince de Condé, dans l'Europe
entière, une renommée qui était absolument in-
dépendante du rang auguste où le ciel l'avait fait
naître. Tous les étrangers de distinction regar-
daient, comme une illustration qu'ils remporte-
raient dans leur patrie, l'honneur d'être admis à
ses cercles. Les souverains eux-mêmes auraient
cru n'avoir qu'une idée imparfaite de la France,
s'ils n'apprenaient à connaître le héros qui
en était une des premières gloires. L'empereur
Joseph II, le roi de Danemark, l'héritier du
trône de Russie (comte du nord), le roi de Suède,
visitèrent le petit-fils du grand Condé, à Chantilly. Acquittant à la fois ce qu'il devait à de tels
hôtes, et ce qu'il devait au sang des Bourbons, il
renouvela dans ce lieu de délices les merveilles

que le vainqueur de Sénef y avait fait admirer à la cour de Louis XIV. L'un de ces augustes voyageurs, transporté d'admiration, s'écria : « Tous les rois de l'Europe m'ont reçu « en ami, le prince de Condé m'a reçu en « roi ! »

Si grand, si puissant dans son palais et dans ses domaines, le prince de Condé, honoré de l'estime et de l'amitié particulière de Louis XV et de Louis XVI, n'était auprès de ces deux monarques que le plus respectueux et le plus dévoué des sujets. Mais c'est ici qu'il importe d'observer quelle noble et grande idée se faisaient de leurs devoirs ces princes que les déclamations philosophiques et l'ignorance révolutionnaire ont tant de fois représentés comme les soutiens de la tyrannie et les oppresseurs du peuple.

Nous ne rappellerons pas que le grand Condé lui-même ne se rendit coupable que pour avoir résisté à un ministre dont l'autorité ne voulait plus connaître de bornes. Mais nous allons voir le petit-fils de ce héros, plus sage et plus heureux que lui, savoir allier ce qu'il devait à son Roi, comme prince du sang, et ce qu'il devait à la monarchie, comme pair du royaume, et l'un des premiers dépositaires de ses lois.

Après d'opiniâtres contestations entre le ministère et les parlemens, conflit dans lequel le prince de Condé évita long-temps de prendre part, survint un coup d'état qui ne lui permettait plus de garder la neutralité.

Le chancelier de Maupeou fait publier un édit qui casse les parlemens du royaume : il est suivi d'un autre qui leur substitue de nouvelles cours de justice. Il fallait que le prince de Condé optât entre l'ordre antique établi dans la monarchie, et les brusques innovations du chancelier : il n'hésita point. S'il avait pu blâmer le zèle quelquefois indiscret avec lequel les parlemens s'immisçaient dans les affaires d'Etat, il ne blâmait pas moins sincèrement le bouleversement soudain de l'ordre judiciaire. Ce respect religieux pour l'inviolabilité de la justice et l'indépendance des juges convenait à un descendant de saint Louis. Le prince de Condé trouva que son opinion était celle de toutes les branches de la maison royale ; et bientôt, en leur nom collectif, parut cette déclaration célèbre, connue sous le nom de *Protestation des Princes du sang.*

Les jeunes gens à qui la lecture de notre histoire est étrangère, et qu'égarent les fausses lueurs du siècle, verront, dans cet acte solennel, si la monarchie de Clovis avait traversé les âges sans constitution ; si la nation française était réellement dénuée de toutes libertés, de toutes franchises.

« Le droit des Français, disaient les princes au roi lui-même, est d'avoir des corps de citoyens inamovibles, qui, dans tous les temps, puissent représenter au souverain tout ce qui pourrait être au préjudice des droits de ses sujets, ou *des lois primordiales et constitutives de son royaume*.

« Des fonctions si importantes exigent la plus grande sûreté pour ceux qui les exercent, afin qu'ils puissent, sans redouter les protections, les haines et les vengeances, porter la vérité au pied du trône, en écarter la surprise, *et y défendre les sujets et les lois*.

« Ces fonctions ont toujours été regardées comme une des principales sauvegardes de *la liberté publique* contre l'abus du pouvoir arbitraire; elles sont une partie intégrante de la *constitution* de l'État.

« Louis XIV, de glorieuse mémoire, s'était reconnu lui-même *sujet aux lois de son royaume*; et le roi Louis XV a plusieurs fois déclaré pareillement qu'il voulait régner, *non par l'action seule de son autorité, mais par la justice et par l'observation des règles et des formes sagement établies dans la monarchie*.

« A l'exemple de ses augustes prédécesseurs, le roi, en diverses occasions, s'est félicité de *l'heureuse impuissance* où sont les rois de France de changer ni d'altérer les institutions primordiales et sacrées qui font, à la fois, la sûreté des droits de la couronne *et des droits des sujets*.

« Conservant l'espérance que Sa Majesté reconnaîtra un jour les conseils pernicieux qui lui ont été donnés, il ne reste aux princes de son sang d'autre ressource que de transmettre à la postérité les preuves de leur attachement aux lois qui sont l'essence d'un gouvernement monarchique, assurent la liberté des citoyens, leur vie, la propriété de leurs biens, et maintiennent dans toute leur intégrité l'autorité légitime et les droits de la couronne, qui est substituée à tous les princes du sang. » (12 avril 1771.)

Les profondes connaissances et les talens littéraires du prince de Condé lui firent attribuer, dans le public, la principale part à la rédaction de l'acte dont nous venons de donner un extrait. Il ne tarda pas, du moins, par une démarche presque aussi solennelle, à faire voir combien il adhérait à tous les principes énoncés dans la protestation. Ce fut lui qui, dans une seconde assemblée des princes du sang, prit la parole, et, avec une admirable clarté, posa les bases trop méconnues de notre ancien droit public. Digne, à la fois, de défendre la couronne et les franchises des sujets par la parole et par l'épée, c'était le chancelier de l'Hôpital s'exprimant par la bouche de Bayard.

Le ministère, irrité d'une opposition aussi puissante, obtint que tous les princes seraient exilés. Le prince de Condé se rendit à Chantilly ; mais bientôt Louis XV, qui l'aimait particulièrement, le rappela auprès de sa personne. Craignant que sa rentrée subite à la cour ne fût prise pour un lâche abandon des maximes qu'il venait de défendre, le prince, au moment même où il partait pour Versailles, renouvela la défense qu'il avait faite à ses vassaux de recourir, sous quelque prétexte que ce fût, à la juridiction de ces nouvelles cours, surnommées *Parlement Maupeou.*

Il parut devant le roi : son maintien était respectueux et calme. « Eh bien ! mon cousin, dit le monarque, on prétend qu'il y a de votre prose dans la fameuse protestation ! » — « Sire, répondit le prince, je suis prêt, à toute heure, à dire la vérité à Votre Majesté, comme à toute heure je suis prêt à mourir pour elle. » — « Allons, reprit Louis XV, en souriant, j'aime mieux que la pièce soit de vous que de mon cousin l'*Avocat!* » (1)

Ce n'était pas, au reste, par de vaines paroles, que le petit-fils du grand Condé s'était acquis une popularité qu'il eût rougi de devoir à des condescendances indignes de son rang. Lorsqu'une disette, dont ce n'est pas ici le lieu d'approfondir les causes, vint attrister les premiers

---

(1) C'est sous ce nom que Louis XV désignait quelquefois ironiquement le prince de Conti, qu'il n'aimait pas, parce qu'il l'avait toujours trouvé en opposition avec ses volontés.

jours du règne de Louis XVI, le prince de Condé, par une munificence vraiment royale, accourut à la fois au secours du peuple de la capitale et de celui des campagnes.

Pendant que ses officiers, et quelquefois lui-même, allaient distribuer l'or et les consolations dans les réduits de la misère, d'immenses approvisionnemens de grains, achetés très-cher, étaient répandus à vil prix dans ses domaines. Un étranger aurait pu croire que la Bourgogne en faisait partie, en voyant que, malgré les distances, les habitans de cette province n'étaient pas moins présens à l'active humanité de leur auguste gouverneur, que les vassaux de ses propres terres.

Dans le moment même où la voix des peuples s'élevait de toutes parts pour bénir le prince qui avait adouci ses souffrances, il acquérait des droits nouveaux à l'amour du soldat.

Après avoir passé sa vie entière dans les camps de l'Autriche et du Danemark, le comte de Saint-Germain fut promu tout à coup au ministère de la guerre. Le caractère national lui était devenu tellement étranger, et la discipline du nord tellement chère, qu'il s'imagina pouvoir l'introduire avec succès dans les troupes françaises. Une ordonnance assujettit le soldat au régime des coups de plat de sabre, et déjà l'on répandait que c'était pour l'accoutumer à un châtiment plus humiliant encore. L'indignation fut unanime : les chefs de corps, désespérés, recoururent aussitôt à l'intervention du prince de Condé. Colonel général de l'infanterie, pouvait-il rester sourd aux cris de l'armée ? Protecteur naturel de ses anciens compagnons d'armes, il déclara hautement combien son cœur était révolté de l'outrage qu'on faisait à leur honneur.

Dans un de ces dîners militaires dont il a été parlé plus haut, un officier supérieur, qui attendait de l'avancement du nouveau ministre, voulut entreprendre la défense des punitions corporelles. Le prince ne put se contenir ; et, le feu dans les yeux, « Monsieur, s'écria-t-il, il existe en Europe
« une noble race de soldats que l'on peut mener
« au bout du monde avec des paroles, que l'on
« punit ou que l'on récompense d'un regard. Si
« vous l'avilissez ce soldat, à ses propres yeux,
« irez-vous encore lui parler d'honneur et de gloire ?
« Croyez-vous que ce soit à coups de bâton qu'à
« Rocroi et qu'à Fontenoi l'on ait précipité nos
« Français sur les vieilles bandes espagnoles et sur
« la colonne anglaise ? Contentons-nous d'être Fran-
« çais comme on l'était dans ces temps-là ! »

Ce langage chevaleresque retentit bientôt dans toutes les garnisons. Il consola le militaire, et le ministre insensé fut convaincu qu'il était en son pouvoir de faire décimer l'armée française, mais non de l'avilir.

Il était cependant d'autant plus essentiel de

conserver dans toute son ardeur ce feu sacré de l'honneur français, que tout, à cette époque, faisait pressentir une nouvelle guerre. Déjà, après de longues et violentes contestations, les hostilités avaient éclaté, en Amérique, entre la Grande-Bretagne et ses colonies; et les hommes d'État ne pouvaient douter que cet incendie ne gagnât bientôt l'Europe.

Le prince de Condé le vit plutôt et mieux que personne. Il n'avait pu ignorer les vastes projets que le duc de Choiseul s'était plu à nourrir, pour chercher, dans l'avenir, des consolations à la paix désastreuse de 1763. Ces projets s'étaient perpétués dans le ministère depuis sa retraite, quoique lui-même ne crût point ses successeurs assez énergiques pour les mettre à exécution (1).

Accoutumé, comme nous l'avons dit, à donner le premier exemple du respect pour l'autorité

___

(1) Le cabinet de Versailles avait déjà pris des engagemens secrets avec le congrès, lorsque deux des agens du ministère qui y avaient eu le plus de part (M. de Rayneval et M. Gérard son frère) se trouvèrent, un jour, chez le duc de Choiseul. « Ah! quelle belle occasion, leur dit-il, de prendre notre revanche de la paix de 1763! « Mais vos ministres ne le feront pas ; *ils n'ont pas l'es-* « *tomac assez fort.* » Peu de temps après, il apprit avec toute la France que le conseil du Roi avait jugé des circonstances comme lui-même. (Voyez l'*Histoire de la Guerre de l'indépendance des États-Unis*, par M. Botta ; *introduction*, par M. de Sevelinges.)

royale, le prince de Condé s'était abstenu de prendre part à toutes les discussions politiques qui absorbaient les esprits, depuis que l'Amérique insurgée semblait implorer une assistance étrangère pour secouer le joug de la mère patrie. Mais au moment où son opinion paraissait le plus impénétrable, au moment même où le parti zélé pour la guerre reprochait au prince d'opposer le contre-poids de son rang et de son autorité aux desseins d'un ministère que l'on savait être secrétement favorable aux Américains, le célèbre Franklin fut reçu à Chantilly.

La conduite du prince serait faussement interprétée, si on la prenait pour l'effet de ce sentiment irréfléchi avec lequel tant d'enthousiastes, à cette époque, prêchaient la guerre d'Amérique, comme autrefois nos aïeux prêchaient la croisade. Certes, son esprit était trop droit, sa raison trop éclairée, pour épouser en paladin, comme beaucoup de jeunes gens de la cour, la cause de l'indépendance américaine. Naguère encore, ne lui avait-on pas entendu dire : « Aux déclamations républicaines « de tous nos jeunes gens, ne croirait-on pas « qu'ils sont tous devenus des Brutus, des Guil- « laume-Tell, des Washington? »

Mais lorsque le prince de Condé accueillit l'envoyé de la nouvelle puissance qui s'élevait au-delà de l'Océan, c'est que tous les secrets de la politique lui étaient révélés. La guerre était résolue dans le cabinet ; et cette résolution, tant blâmée depuis, se fondait sur des considérations qui eurent l'assentiment d'un prince qui, dans les conseils, comme dans les camps, avait toujours fait admirer la sagacité de son jugement.

La trop légitime horreur qu'inspirent notre révolution et les hommes qui l'ont faite, a singulièrement contribué à dénaturer l'opinion sur la conduite que tint le cabinet de Versailles dans la querelle entre l'Angleterre et ses colonies (1).

« Sans doute six années s'écoulèrent à peine entre le jour où la France força l'Angleterre de reconnaître l'indépendance de l'Amérique, et celui où les symptômes d'une révolution se manifestèrent en France. Mais l'un de ces événemens est-il une conséquence de l'autre ? C'est ce que n'ont pas craint d'affirmer des hommes aigris par des ressentimens particuliers. Ils ont dit : *Post hoc, ergò propter hoc.*

Il y aurait une question à leur adresser : S'ils eussent été appelés à donner leur avis sur les conjonctures délicates où se trouvait le cabinet de Versailles en 1776 et années suivantes, auraient-ils osé conseiller de laisser au ministère britannique

_____

(1) Nous demanderons ici la permission de nous citer nous-mêmes : ouvrage indiqué dans la note précédente, page 30. Paris, 4 vol. in-8° avec cartes et plans ; chez Dentu, 1812.

la liberté de subjuguer les Américains, ou du moins de se coaliser avec eux pour dominer dans les Indes occidentales sans aucune exception (1).

« N'auraient-ils élevé la voix que pour déterminer Louis XVI à rester spectateur paisible des déprédations qu'exerçait l'Angleterre contre notre

---

(1) « Le traité de la France prévenait et rendait inu-
« tile le plan formé à Londres d'une coalition momen-
« tanée et précaire avec l'Amérique, et il faisait échouer
« les projets secrets qui avaient conduit S. M. B. à une
« pareille démarche. La véritable cause de l'animosité que
« le roi d'Angleterre a manifestée, et qu'il a communi-
« quée à son parlement, n'est autre que de n'avoir pu
« rallier les Américains à sa couronne, *pour les armer*
« *contre la France*. Le grand projet de l'Angleterre était
« de réunir ses colonies, pour les armer contre la maison
« de Bourbon. » (*Exposé des motifs de la conduite du roi très-chrétien, relativement à l'Angleterre*, etc. Paris, de l'imprimerie royale, 1779.

« L'idole et l'oracle de la nation anglaise, lord Chatam,
« se traîna au parlement pour y expirer en criant : *La*
« *paix avec l'Amérique, et la guerre contre la maison de*
« *Bourbon!* La cour de Londres elle-même a justifié les
« soupçons et la prévoyance du Roi, par les ordres hos-
« tiles envoyés aux Indes avant la déclaration du mar-
« quis de Noailles (ambassadeur de S. M. à Londres), et
« même avant la signature du traité du 6 février 1778
« (avec les Américains). Les ministres anglais ont senti
« toute la force et toute la vérité de ce reproche, et ils
« l'ont passé sous silence, parce qu'ils ont senti l'im-
« possibilité de le détruire. » (*Observations sur le mémoire justificatif de la cour de Londres*. Paris, de l'imprimerie royale, 1780.)

navigation et notre commerce, à supporter avec résignation les refus constans du gouvernement britannique de lui donner la plus légère satisfaction ? »

Quoi qu'il en soit, au reste, du plus ou moins de légitimité de cette guerre, elle vit, dès ses débuts, la marine française effacer, à force d'exploits, le souvenir des humiliations et des désastres qui avaient amené la funeste paix de 1763.

Une noble émulation s'empara de l'armée de terre. Elle avait aussi ses injures à venger; et, dans l'espoir que la carrière de l'honneur allait se rouvrir pour elle, ses vœux appelaient déjà le vainqueur de Friedberg à sa tête. La politique unanimement adoptée par les grandes puissances continentales rendit ce zèle inutile. Il fut convenu entre elles que l'Europe ne serait point ensanglantée. La France, libre de tourner toute son attention vers ses armées navales, fit flotter bientôt son pavillon sur toutes les mers du globe. Une paix glorieuse couronna ses efforts : elle en reçut un plus noble prix encore, en reprenant parmi les puissances européennes le rang dont sept années de fautes et de malheurs l'avaient fait momentanément descendre.

L'armée de terre n'avait cependant pris qu'une part indirecte aux grands événemens de cette guerre. Si quelques divisions françaises avaient fait admirer leur valeur en Amérique et dans l'Inde, on sentait que c'était en Europe même et dans de plus vastes opérations qu'il fallait effacer le souvenir de nos revers. L'occasion sembla s'en présenter peu de temps après la conclusion de la paix maritime. L'ouverture de l'Escaut, impérieusement exigée par la cour de Vienne, et constamment refusée par la Hollande, fut sur le point d'amener une rupture entre ces deux puissances. Malgré les liens qui unissaient la France à l'Autriche, le cabinet de Versailles, craignant de forcer la Hollande à se jeter dans les bras de l'Angleterre, ne se borna point à une médiation stérile. Deux armées d'observations furent mises sur pied (1785), l'une en Flandre et l'autre sur le Rhin. Déjà la voix publique appelait le prince de Condé à la tête des troupes, qui, tant qu'elles furent guidées par lui, n'avaient connu que la victoire. Mais l'Autriche se désista de ses prétentions, et la France désarma.

Elle ne tarda pas à reprendre une attitude menaçante; et, cette fois, tout put faire croire à une belliqueuse jeunesse que ses vœux allaient être comblés. Un camp fut formé sous les murs de Saint-Omer en 1788, et le prince de Condé en reçut le commandement. Le duc de Bourbon et le duc d'Enghien l'y accompagnèrent. Officiers, soldats, tous y virent avec un orgueil mêlé d'attendrissement ces trois générations d'une race auguste et toute guerrière.

Un an plus tôt cet armement eût été facilement expliqué. La politique la plus vulgaire eût enseigné qu'il avait pour objet d'empêcher que l'intervention violente de la Prusse dans les troubles de la Hollande, ne rompît l'union que cette république avait contractée avec la France par le traité de 1785. Mais le ministère hésita, et la cour de Berlin, profitant de sa faiblesse, fit entrer le duc de Brunswick en Hollande. En vain le prince de Condé avait-il prévu l'événement; en vain avait-il représenté que le cabinet de Versailles allait perdre, de nouveau, la considération et l'influence que lui avait rendue la guerre d'Amérique : on lui objecta l'embarras des finances.

L'opinion publique attribuait deux motifs entièrement opposés à la formation du camp de Saint-Omer. Selon les uns, le prince de Condé allait recevoir l'ordre de pénétrer dans les Pays-Bas autrichiens, pour forcer la cour de Vienne à faire une prompte paix avec la Turquie, antique alliée de la France, et combattue, à cette époque, par les forces réunies de la Russie et de l'Autriche. Selon les autres, le prince n'entrait dans le Brabant, au contraire, que pour le garder au nom de l'empereur, et lui donner la faculté de disposer de toutes ses troupes contre la Porte-Ottomane.

Soit que le public se fût livré à de vaines conjectures, soit qu'à l'approche des états-généraux, indiqués pour 1789, le ministère redoutât de s'engager dans des affaires extérieures, l'événement déjoua tous les calculs. Le camp de Saint-Omer ne servit qu'à des essais de nouvelles manœuvres.

Le duc d'Enghien, âgé de seize ans, y reçut de son illustre aïeul des leçons qui semblaient devoir mettre le comble à son instruction militaire. Mais on n'était qu'à peu de distance de la mer : le prince songea qu'il pouvait enrichir son petit-fils de nouvelles connaissances, et il le mena à Dunkerque. Là se renouvela, en quelque sorte, le spectacle étonnant que Louis XVI venait d'offrir à Cherbourg. Ainsi que le monarque trop modeste, le prince de Condé se montra tellement familier avec tous les détails de la marine, que de jeunes officiers de ce corps demandèrent quelle flotte avait commandée son Altesse.

La France, en paix avec ses voisins, et semblant uniquement occupée du soin de rétablir l'ordre dans toutes les parties de l'administration intérieure, le prince de Condé devait croire qu'un long repos était préparé à sa vieillesse. Mais déjà fermentait sourdement l'orage effroyable qu'il s'était efforcé de conjurer par ses sages conseils.

Aigri par ses longues querelles avec le ministère, le parlement, trop ignorant de l'avenir, demanda la convocation des états-généraux. Avant de prendre cette résolution extrême, le Roi, justement effrayé des leçons de l'histoire, voulut consulter l'élite de la nation. Conformément aux anciens usages de la monarchie, il assembla les notables. Chaque bureau fut mis sous la présidence d'un prince du sang ; le quatrième échut au prince de Condé. Les amis du trône n'oublieront jamais quel noble et saint zèle il y fit éclater pour le maintien des principes conservateurs. Sa profession de foi, digne en tout point d'un fils de saint Louis, se trouve consignée dans l'acte à jamais mémorable, connu sous le nom de *Mémoire des Princes* (1).

Les funestes pronostics qui résultaient de cet exposé trop fidèle ne tardèrent point à se vérifier. Mais, avant leur accomplissement, le prince de Condé avait déjà tout prévu. Si, un instant, comme toute la France, il avait été séduit par les opérations financières de M. Necker; comme tous les esprits droits, du moins, il avait été détrompé, depuis que cet étranger, sortant de sa sphère, s'était immiscé dans le gouvernement politique de l'État.

Il était évident, aux yeux d'un prince doué d'une raison saine et d'un discernement exquis, qu'une assemblée d'états-généraux, convoquée dans l'état de délire et de convulsion où la France était

---

(1) Cette pièce importante, ne pouvant trouver place ici, a été rejetée à la fin du volume. (Voir n° 1.).

jetée depuis deux ans, devait nécessairement exposer la monarchie et le Roi à des périls incalculables. Pouvait-on dire que M. Necker ne les avait point prévus, sans l'accuser de l'ineptie la plus stupide? Et, si prévoyant tant de dangers, il a voulu les affronter, ne fût-ce pas de sa part, ou le comble de la perfidie, ou la présomption d'un insensé?

Telle était l'opinion du prince de Condé sur ce ministre, dont le pouvoir éphémère a laissé dans notre malheureuse patrie des traces si désastreuses et si profondes, que l'écoulement des siècles pourra seul les effacer. Lorsqu'il le vit si opiniâtrément attaché à la double représentation du tiers-état, ce ne fut pas comme prince de la maison royale, ce ne fut pas comme un des chefs de la noblesse, mais comme Français pénétré de l'amour de son pays, qu'il vit dans cette innovation fatale le levier dont allaient se servir les hommes qui méditaient la subversion de l'État.

« Quelle voie, s'est-il écrié souvent, quelle voie veut donc prendre cet homme étranger à notre sol comme à nos usages et à nos lois, pour remplir les intentions bienfaisantes du meilleur des monarques? Est-ce une révolution qu'il trame, ou n'a-t-il que le louable désir de rendre à notre antique monarchie sa première vigueur? Qu'il sache donc qu'il ne s'agit pas de nous donner des lois nouvelles; mais de faire revivre celles qui sont tombées en désuétude ? Il ne parle, comme tous les agitateurs du peuple, que de la réforme des abus ! Eh bien ! qu'il lise donc notre histoire, et, dans ces anciennes lois si méconnues, il retrouvera la proscription des lettres de cachet, le vote libre des provinces pour l'établissement des impôts, l'égalité de leur répartition, la responsabilité des ministres, l'égalité des droits devant la loi ; en un mot, tout ce que la nation peut désirer, tout ce qu'elle demande par les cahiers dont elle a chargé ses députés ! »

Cette voix sage ne fut point écoutée : le ministre génevois triompha, et la France fut livrée au génie des révolutions.

Les ridicules *vainqueurs de la Bastille* n'eussent excité que le dédain d'un Condé ; mais, dans ce premier acte de la rébellion, le prince entrevit le germe de tous ceux qui s'apprêtaient. Les ennemis de la monarchie s'agitaient sous ses yeux ; il courut lui chercher des défenseurs.

Dès le 17 juillet 1789, il sortit de France ; il se rendit à Bruxelles. Il y fut reçu par l'archiduchesse Christine, sœur de la reine Marie-Antoinette, et, comme doué d'un esprit prophétique, il lui dévoila une partie de l'avenir qui attendait cette princesse infortunée.

Le midi de la France s'était fortement prononcé contre tout projet révolutionnaire : déjà même des rassemblemens nombreux se montraient disposés à prendre les armes pour la cause royale. Le prince de Condé crut qu'il était de son devoir de favoriser ces dispositions généreuses, en se mettant à portée de les soutenir, s'il le fallait, par sa présence. Il quitta les Pays-Bas, et se rendit à Turin. Bientôt une foule de gentilshommes et de militaires, attirés par son nom, se rassemblèrent autour de lui (1).

Le prince, comme au temps des croisades, partagea fraternellement avec ces chevaliers fidèles les richesses qu'il avait emportées. Comme au temps des croisades encore, quand elles furent épuisées, il engagea ses pierreries pour subvenir à leurs besoins.

Mais déjà les yeux de toute l'Europe étaient fixés sur le héros qui prenait devant elle le glorieux engagement de défendre le trône de saint Louis, dont le sang coulait dans ses veines. Du fond de la Finlande, où le roi de Suède Gustave III faisait une guerre fort vive à la Russie, il écrivit au prince de Condé cette lettre si digne de l'un et de l'autre :

---

(1) C'est à Turin que le prince de Condé rédigea le mémoire adressé à M. le comte d'Artois, sous le titre de *Mémoire sur le moment présent* (Voir à la fin du volume, n° 2). S. A. S., dans cette pièce d'autant plus remarquable, qu'elle n'était point destinée à voir le jour, prouve que ses connaissances politiques n'étaient pas inférieures à ses talens militaires.

« L'amitié que vous m'avez toujours témoignée
« et celle que je vous porte me font partager
« bien vivement l'état où vous vous trouvez. Of-
« frir à un Bourbon, à un Condé, un asile dans
« mon camp, c'est y appeler la victoire. Vous
« proposer une retraite dans mes États, c'est
« moins vous témoigner l'intérêt que je prends à
« vous, que satisfaire à mes sentimens les plus
« doux. Votre altesse peut être persuadée qu'elle
« trouvera en Suède tous les égards qui lui sont
« dus, et que je donnerai à ma nation l'exemple
« de consoler un héros malheureux. »

S'il n'eût suivi que le mouvement de son cœur, s'il n'eût même consulté que le soin de son repos, le prince eût répondu avec empressement à cette noble invitation. Le caractère chevaleresque de Gustave, son esprit brillant, son extrême amabilité, tout rapprochait le prince suédois et le prince français ; mais lorsque la noblesse française se rassemblait sur les bords du Rhin, un Bourbon, son modèle et son guide, pouvait-il l'abandonner aux hasards qu'elle venait chercher sur ses pas ?

Un espoir plus doux encore que celui d'ajouter de nouveaux lauriers à ceux qu'il avait cueillis dans sa jeunesse, n'avait pas entièrement fui son ame généreuse. Une troupe de conjurés flétris par tous les crimes, une populace forcenée qui n'avait d'audace que parce qu'on semblait la craindre, n'étaient point pour le prince de Condé la nation française. Il se flattait que, sortant tout à coup de la stupeur où l'avaient jetée tant de forfaits accumulés dans si peu de jours, cette nation qu'il avait vue si fière, si sensible et si grande, repousserait le joug sanglant que voulaient lui imposer les factieux, et remettrait le sceptre aux mains paternelles d'un monarque éprouvé par quinze ans de vertus et de bienfaits.

Les horribles journées du 6 octobre et du 28 février (1) ne vinrent que trop tôt lui ravir jusqu'à la dernière lueur d'espérance.

---

(1) Les événemens du 6 octobre 1789 sont connus de l'Europe entière. C'est de ce jour exécrable que date la captivité de Louis XVI, amené de Versailles à Paris, au milieu d'une populace furieuse qui portait devant lui les têtes de ses gardes égorgés ; et reçu à la barrière par le maire Bailly, qui lui fit de grandes phrases sur ce *beau jour*.

Le 28 février 1790, une insurrection paraissant menacer les jours du Roi, une foule de gentilshommes, d'officiers et de sujets dévoués se portèrent au château des Tuileries, pour y défendre l'infortuné monarque. En effet, les brigands ne tardèrent pas à investir le château, et même à pénétrer dans les premières salles. Louis XVI ordonna à la troupe fidèle de déposer ses armes ; et le marquis de Lafayette, survenant enfin avec sa garde nationale, eut l'air d'avoir sauvé le Roi qu'il tenait en captivité. Mais il ne fit rien pour protéger ses défenseurs ; et, quand ils furent désarmés, il les abandonna à la fureur des brigands.

Convaincu désormais que la hache était au pied du trône, et que ses fidèles défenseurs ne pouvaient plus en appeler qu'à leurs épées, le prince de Condé publia un manifeste, où on lisait ces nobles paroles :

« Depuis un an, j'ai quitté ma patrie ; je dois
« exposer aux yeux de l'Europe les motifs qui
« m'ont forcé d'en sortir.

« Le peuple français est égaré par des factieux ;
« mais il ouvrira les yeux, ce peuple bon ; il rou-
« gira des crimes que l'intrigue et l'ambition de
« ses chefs lui ont fait commettre. Il relèvera de
« ses propres mains le trône de ses rois, ou je
« m'ensevelirai sous les ruines de la monarchie.

« La noblesse est une : c'est la cause de tous les
« princes, de tous les gentilshommes, que je dé-
« fends ; ils se réuniront sous l'étendard glorieux
« que je déploîrai à leur tête.

« Oui, j'irai, malgré l'horreur que doit natu-
« rellement inspirer à un descendant de saint Louis
« l'idée de tremper son épée dans le sang des
« Français ; j'irai, à la tête de la noblesse de
« toutes les nations, et, suivi de tous les sujets
« fidèles à leur Roi, qui se réuniront sous mes
« drapeaux ; j'irai tenter de délivrer ce monarque
« infortuné ! »

En peu de temps, ce manifeste se répandit d'une extrémité de la France à l'autre. Il ranima les espérances des Français fidèles ; et, accoutumés jusqu'alors à triompher sans résistance, les auteurs de la révolution s'alarmèrent. Réfuter les reproches que leur adressait un prince, organe de l'honneur français, était une entreprise au-dessus de leurs forces : ils imaginèrent de nier l'existence même de cet acte accusateur (1). Mais bientôt un nouvel outrage attesta qu'ils ne croyaient que trop aux paroles du prince : leur lâche vengeance précéda l'effet de ses menaces.

Le grand Condé avait transmis à l'État, par une transaction revêtue de toutes les formes légales, la possession du Clermontois, dont il avait été précédemment reconnu propriétaire. L'État, en retour de cette cession, avait assuré non moins formellement à la maison de Condé une rente de six cent mille francs. Par un simple décret, l'Assemblée nationale déclara le traité nul, et dépouilla de leur patrimoine les descendans du vainqueur de Rocroi (2).

_____

(1) Nous avons vu des hommes formés à cette école du mensonge surpasser encore leurs maîtres. Lorsque parut en France la fameuse déclaration du congrès de Vienne, du 13 mars 1815, qui mettait Bonaparte hors la loi des nations, ses conseillers d'État, après en avoir mûrement délibéré, déclarèrent solennellement que cet acte, revêtu de la signature de tous les ministres de l'Europe, était *apocryphe et controuvé*.

(2) Le marquis de Montesquiou, premier écuyer de Monsieur, présidait la séance où fut rendu cet infâme décret. Au moment où il allait monter au fauteuil, un

L'indignation fut générale. Mais si cet acte était odieux, qu'avait-il qui pût étonner ? Cette assemblée, si étrangement dite *constituante*, n'avait-elle pas déjà porté la désorganisation dans toutes les parties constitutives de l'État ? N'avait-elle pas déjà consacré tous les genres de rapine, par la spoliation violente du clergé et de la noblesse ? N'est-ce pas elle qui tenait son Roi en captivité ? N'est-ce pas elle qui s'était chargée devant les races futures de la terrible responsabilité du 6 octobre, en blanchissant les auteurs de cette exécrable journée ?

Au-dessus de pareilles atteintes, le prince de Condé n'eût regardé qu'avec un dédaigneux sourire les outrages de ses ennemis ; mais le contre-coup devait s'en faire ressentir sur une classe chère à ses yeux. Il se hâte d'écrire à son trésorier à Paris :

« Attendu l'ordre de l'Assemblée, qui va s'em-

---

loyal serviteur du Roi lui fit d'énergiques représentations sur l'iniquité qu'il allait commettre. C'était M. Dupleix de Bacquencourt, conseiller d'Etat, et ancien intendant de Bourgogne, où il avait eu le bonheur de se faire aimer et estimer du prince de Condé. M. de Bacquencourt avait, de plus, un motif particulier pour s'intéresser à l'honneur du marquis de Montesquiou : il venait d'accorder la main de sa fille à l'un de ses fils. M. de Montesquiou restait insensible à la voix de la justice : « Eh bien ! lui cria le vertueux magistrat, rappelez-vous qu'un de vos ancêtres assassina un prince de Condé ; vous, ne volez point celui-ci ! »

« parer de mes biens, vous ferez avertir tous mes
« gens, tous mes rentiers, tous mes pension-
« naires, de se présenter le plutôt possible, pour
« toucher ce qui leur revient en gages, rentes ou
« pensions jusqu'à ce moment. Je serais fâché
« qu'ils pussent souffrir des iniquités que l'on
« exerce contre moi. On ne me privera pas de la
« consolation d'avoir rempli tous mes engagemens,
« tant que mes facultés me l'auront permis. »

C'est vers la même époque que le prince, traité en ennemi public par ces hommes qui se disaient les régénérateurs de la France, traçait de sa main des lignes où, sans le savoir, il s'est peint tout entier pour la dernière postérité.

« Riche de mon honneur, je le serai toujours
« assez. Plût à Dieu que tous les crimes ne tom-
« bassent que sur moi ! J'abandonne volontiers
« ma fortune; je verserais avec joie tout mon
« sang pour rendre le bonheur à mon Roi, à ma
« patrie; que dis-je, au dernier des Français qui
« leur sont fidèles. C'est une grande consolation
« pour moi de trouver les mêmes sentimens dans
« tous mes enfans, dans ce sang des Condé qu'on
« persécute, mais qu'on n'avilira jamais ! »

Qui le sentait mieux que les révolutionnaires eux-mêmes ? Chacune de leurs persécutions n'était-elle pas un nouvel hommage à ce sang glorieux ? La présence seule de trois Condé sur les bords du Rhin était un épouvantail pour les écoliers de

Louis XVI. Ils décrétèrent qu'au nom de leur royal captif il serait envoyé sommation au prince de rentrer en France, dans quinze jours. C'était le sommer de venir tendre ses mains aux fers qui lui étaient destinés. L'infortuné monarque fut contraint d'apposer son auguste nom au bas d'une lettre où l'on interdisait d'avance à un prince de son sang l'honneur de prendre les armes, pour briser ses chaînes et défendre sa tête.

Mais, le prince magnanime pouvait-il voir l'expression libre des volontés de son Roi, dans un écrit arraché ou même dicté à ce souverain, déjà détrôné, qui, peu de jours auparavant, arrêté à Varennes par le plus vil de ses sujets, ramené à Paris au milieu des outrages, traversait les rues de sa capitale en prisonnier, n'obtenant plus même, de ses sujets épouvantés, des marques de respect dont une garde farouche leur eût fait un crime (1) ?

La désastreuse position de Louis XVI n'était plus cachée par aucun voile. Tous les potentats de l'Europe le plaignaient ; aucun ne s'armait encore pour lui. Mais, au fond du nord, vivait un prince

---

(1) Il est très-certain que les gardes nationaux qui entouraient la voiture du monarque prisonnier criaient : *gardez vos chapeaux !* Et l'on assure que cet ordre leur avait été donné par M. de Lafayette, commandant général. Des sujets fidèles, qui se découvraient devant leur Roi, furent assommés !

qui avait été accueilli en allié et en ami à la cour de Louis et de Marie-Antoinette. Vrai chevalier, il crut que l'honneur lui commandait de voler à leur délivrance. Mais il ne veut qu'un confident de ses nobles projets, et ce confident est le prince de Condé. Quelques heures de conversation intime, à Chantilly, lui avaient révélé que leurs ames étaient faites pour s'entendre.

Gustave III pense que, dans une occurrence aussi grave, les lettres sont trop peu sûres et les courriers trop lents. Il part de Stockholm; il a bientôt franchi plus des trois quarts de l'espace qui le sépare du prince de Condé; il lui mande qu'il l'attend à Aix-la-Chapelle. Le lieu du rendez-vous ne pouvait être mieux choisi : le besoin de prendre les eaux servait de prétexte à ce déplacement subit. Tout est promptement d'accord entre les deux guerriers : Gustave, qui avait reçu de Catherine II la promesse d'un puissant secours, s'engage à débarquer à la tête d'une armée sur les côtes de Normandie. On avait de légitimes motifs pour compter sur la fidélité des habitans de cette province populeuse : pas une place forte n'eût arrêté la marche des libérateurs de Louis XVI; dans la capitale même, des milliers de bras se fussent levés pour eux. Ainsi, par un changement merveilleux, la Seine, après neuf siècles, eût vu ces hommes du nord, qui jadis désolèrent ses rives, volant au secours de la monarchie française, et chassant de son sein des barbares plus féroces que les compagnons de Rollon.

C'est au moment même où le prince de Condé venait d'arrêter ce plan chevaleresque avec son auguste ami, que, de retour à Worms, il y trouve un homme qui, prenant le titre de commissaire du gouvernement français, lui remet une nouvelle sommation de se soumettre à la faction dominante. Au bas de cette étrange dépêche se lisait encore le nom d'un roi qui ne régnait plus.

Le prince fait un noble effort sur lui-même pour concilier encore ce qu'il doit à ce nom sacré et ce qu'il doit à son honneur. Pour juges de sa conduite, il veut prendre les augustes frères eux-mêmes du royal captif. Il ordonne au commissaire de l'assemblée usurpatrice de le suivre à Coblentz, et bientôt il le renvoie avec une réponse où il exprimait en ces nobles termes ses sentimens et ceux de ses enfans.

« Sire, vos augustes frères ayant bien voulu
« nous communiquer la lettre qu'ils adressent à
« Votre Majesté, nous permettent de lui attester
« nous-mêmes que nous adhérons de cœur et
« d'esprit à tout ce qu'elle renferme; que nous
« sommes pénétrés des mêmes sentimens, ani-
« més des mêmes vues, inébranlables dans les
« mêmes résolutions. Le zèle dont ils nous don-
« nent l'exemple est inséparable du sang qui coule
« dans nos veines; de ce sang toujours prêt à se

« répandre pour le service de la monarchie fran-
« çaise. Bourbons jusqu'au fond de l'ame, quelle
« doit être notre indignation, lorsque nous voyons
« de vils factieux ne répondre à vos bienfaits que
« par des attentats, insulter à la majesté royale,
« fronder toutes les souverainetés, fouler aux
« pieds les lois divines et humaines, et prétendre
« asseoir leur monstrueux système sur les ruines
« de notre antique constitution !

« Toutes nos démarches, Sire, sont guidées
« par des princes dont la sagesse égale la cons-
« tance. En suivant leurs pas, nous sommes sûrs
« de marcher avec fermeté dans le chemin de
« l'honneur ; et c'est sous leurs nobles auspices
« que nous renouvelons entre vos mains, et
« comme princes de votre sang, et comme gen-
« tilshommes français, le serment de mourir
« fidèles à votre service. Nous périrons tous,
« plutôt que de souffrir le triomphe du crime,
« l'avilissement du trône, et le renversement de
« la monarchie. »

Mais ce furent précisément les hommes qui
avaient juré dans leur cœur le renversement de
la monarchie, qui se chargèrent de la réponse
à cette déclaration magnanime. Elle fut digne
d'eux : ce n'était pas assez d'avoir mis sous le
séquestre tous les biens de la maison de Condé ;
des brigands allèrent dévaster Chantilly. Leur
premier soin fut de dépouiller la résidence des

héros, de ces canons, de ces trophées qui retraçaient leur gloire aux yeux de l'étranger comme à ceux du Français. Enfin, un décret déclara traître à la patrie quiconque entretiendrait encore quelque correspondance avec celui qui n'aspirait qu'à sauver la patrie !

Le prince de Condé dut croire que le moment en était venu. Tout entier à ses nobles préparatifs, animant de son zèle les loyaux serviteurs de Louis XVI qui venaient se ranger sous l'étendart des lis, il attendait sur les bords du Rhin le signal que devait lui donner un royal chevalier armé pour la même cause. Le régicide Ankarstrœm frappa si à propos pour sauver la révolution française, qu'on dut croire que c'était elle qui lui avait mis le poignard à la main.

Quelques jours auparavant, l'empereur Léopold II était descendu au tombeau. Sa mort fut également attribuée aux machinations des révolutionnaires. Sans les charger de plus de crimes qu'ils n'en ont commis, on peut, du moins, observer que la mort presque simultanée de ces deux monarques, et surtout celle du roi de Suède, était un coup terrible pour les projets et les espérances du prince de Condé. Il le sentit vivement ; mais sa constance n'en fut point ébranlée.

Que de fois on l'entendit exprimer avec un enthousiasme chevaleresque les nobles vœux que formait son cœur, pour qu'il lui fût donné de délivrer son Roi et de sauver la France sans le secours de l'étranger ! Il lui fut permis, un instant, de s'abandonner à ce doux espoir. Il savait que le délire des opinions nouvelles n'avait pas encore égaré tous les esprits ; il avait autour de lui des preuves consolantes qu'au milieu du déchaînement des plus honteuses passions, l'honneur français respirait encore tout entier dans des milliers de cœurs fidèles. La présence d'un libérateur rendrait plus odieux le joug des tyrans populaires : rougissant de leur obéir, les commandans militaires, surtout, qui avaient pu rester à leur poste, s'empresseraient d'abjurer les couleurs de la révolte et de relever l'étendart français !

Animé par cette douce perspective, ne connaissant plus de sacrifices au-dessus de ses forces, le prince de Condé achève d'épuiser sa fortune. Il arme tous les preux qui sont accourus autour de lui ; il se rapproche d'une forteresse dont la possession lui eût ouvert la noble carrière où il brûlait de s'élancer. L'officier général qui commandait à Strasbourg avait reçu ce précieux dépôt de Louis XVI. Fidèle à ses sermens, pouvait-il mieux le conserver qu'en le remettant aux mains d'un prince de son sang, armé pour la défense de ses droits ? Mais l'assemblée usurpatrice, éprouvant déjà toutes les inquiétudes de la tyrannie, entretenait partout de nombreux espions. Ils s'étaient introduits sans peine jusqu'auprès des défenseurs de la couronne : leur noble confiance n'était que trop facile à tromper. Leurs intelligences avec Strasbourg furent découvertes, comme l'avaient été, l'année précédente, celles qu'ils avaient formées avec Lyon. Deux fois ainsi, la France fut privée du bonheur de devoir sa délivrance à ses enfans. L'esprit des révolutions redoubla de fureur : il provoqua lui-même la guerre que les rois de l'Europe hésitaient à lui déclarer.

A peine, dans la timidité de leurs conseils, avaient-ils permis aux émigrés français de chercher un asile sur leur territoire. Dès que l'heure des combats eut sonné, ils les appelèrent au poste du danger. Le corps, aux ordres du prince de Condé, fut dirigé sur le Brisgaw, pour agir avec la division autrichienne commandée par le prince d'Esterhazy. Suivi du duc d'Enghien son fils, le duc de Bourbon alla, dans le pays de Liège, prendre le commandement d'un autre corps d'émigrés qui devait faire partie de l'armée des Pays-Bas.

Les princes, frères de Louis XVI, avaient rassemblé dans leur camp des forces égales et même supérieures à celles des deux autres corps, pris ensemble. C'était l'armée du centre, qui se trouvait sur la ligne d'opérations du roi de Prusse.

Cette dispersion des Français armés pour le salut de la monarchie a été fortement blâmée, et peut-être ne l'a-t-elle pas été sans raison. Les événemens à jamais mémorables de la guerre de la Vendée ont assez démontré aux yeux les plus prévenus ce que l'on pouvait attendre, à cette époque, d'une armée de plus de vingt mille hommes. Et quelles troupes ! On voyait à leurs têtes tous les généraux, dans leurs rangs tous les officiers de l'armée, le gentilhomme fier de se voir soldat à côté d'eux. Armes, chevaux, expérience, discipline, rien ne manquait! Et c'étaient cinq Bourbons qui conduisaient ces essaims de chevaliers français à la délivrance de leur Roi !

Mais pensa-t-on jamais alors, et pourrait-on penser aujourd'hui, qu'il dépendît de nos princes d'organiser et de diriger suivant leurs vœux les forces dont la disposition semblait leur appartenir ? Les disperser, selon quelques hommes d'État dont l'avis prévalut, c'était offrir sur plus de points à la fois un centre de ralliement à tous les royalistes épars dans l'intérieur. Mais comment aussi effacer d'un grand nombre d'esprits un soupçon, qu'une longue suite de fautes et de malheurs a rendu trop légitime ? Comment leur défendre de croire qu'il a pu exister une politique assez follement envieuse pour craindre que la monarchie française ne se relevât par ses propres forces, et assez insensée dans ses calculs pour se bercer de l'espoir que, de la chute épouvantable du trône des lis, dût naître pour les trônes voisins un accroissement de grandeur et de puissance? Que de faits, pendant un long espace de vingt-deux ans, se sont entassés à l'appui de cette opinion trop affligeante! Mais, n'anticipons point sur la marche des événemens; nous nous restreignons ici à ceux qui concernent uniquement ce corps valeureux qui s'est immortalisé sous le nom d'*Armée de Condé*.

C'est le 1ᵉʳ août 1792 que cette troupe chevaleresque fit le premier pas dans cette carrière qu'elle devait arroser de tant de sang, illustrer par tant de hauts faits. Le prince de Condé se mit en mouvement de Kreutznach, et se dirigea sur Spire : son but était de se rapprocher de Landau.

Des avis secrets, dans lesquels il était permis d'avoir quelque confiance, lui faisaient espérer qu'en s'approchant de cette importante place, on pouvait déterminer les autorités militaires à la restituer au Roi.

Le prince de Hohenlohe commandait un corps autrichien d'environ vingt mille hommes, dans les environs de Landau même. Sans lui proposer de prendre aucune part au coup de main qu'il méditait, le prince de Condé le pria seulement de faire un léger mouvement, et de se montrer prêt à l'appuyer, pour inspirer plus de confiance aux gens irrésolus. Les Autrichiens se refusèrent à cette simple démonstration; et, de ce jour, il fut permis aux émigrés de calculer jusqu'à quel point ils devaient compter sur l'assistance de leurs alliés (1).

Le prince fait agir ses intelligences : il obtient une promesse signée du commandant de la place et des chefs de corps. Landau arborera le drapeau blanc dès que les émigrés français se présenteront ; toutefois une clause expresse exige qu'ils ne soient accompagnés d'aucun corps autrichien (2).

Mais, par suite d'une trop funeste organisation, le prince de Condé, pour agir en faveur de son Roi et de son pays, se trouvait obligé d'obtenir l'autorisation d'un général allemand. Le prince de

---

(1) On croit devoir prévenir ici, comme garantie de l'exactitude des faits militaires, qu'ils sont tirés des relations de plusieurs officiers de l'armée de Condé, et particulièrement de l'ouvrage de M. le marquis d'Ecquevilly, maréchal général des logis de cette armée, et aujourd'hui pair de France.

(2) Dans le moment où les écrivains révolutionnaires ne cessent de reprocher aux royalistes de faire cause commune avec les étrangers, on ne saurait trop relever de pareils traits. La guerre de la révolution en offre plusieurs d'aussi honorables au véritable patriotisme des défenseurs de la monarchie. Jamais ils n'ont voulu d'autres maîtres que leurs princes légitimes ; tandis que les hommes qui se donnent exclusivement pour les *patriotes purs* et les *bons Français*, après avoir appelé tous les brigands de l'Europe pour renverser le trône de saint Louis, ont bassement offert par la suite de le relever pour y faire asseoir des princes anglais ou allemands.

Hohenlohe allégua d'abord l'extrême danger que le prince français allait courir. Il ne sentit pas que cette considération même imposait à l'honneur d'un Bourbon de devenir plus pressant. Poussé à bout, « Eh bien ! s'écrie le prince de « Hohenlohe, j'en suis désespéré pour le prince « de Condé ; mais il n'entre point dans le plan des « puissances, qu'il occupe en ce moment Lan- « dau ni aucune autre partie de l'Alsace. »

Les jours s'écoulent : Custine se jette dans Landau ; le commandant et ses officiers ont à peine le temps d'en sortir et de rejoindre le prince.

Au moment où il se croyait prêt à pénétrer de nouveau en Alsace par Lauterbourg, l'armée reçoit tout à coup l'ordre d'une marche rétrograde. On apprend, mais l'on ne croit pas encore, que le duc de Brunswick est en pleine retraite ; qu'il ne s'agit plus de reconquérir la France, mais de défendre les bords du Rhin.

Ce n'est pas ici le lieu de rechercher les causes de ce qui s'est fait à une armée où le prince de Condé n'était pas, où son influence était nulle. Mais cette retraite de 1792, retraite inexplicable, ou, du moins, jusqu'à ce jour inexpliquée, a eu des conséquences si funestes pour la France, pour l'Europe, pour le genre humain, qu'en retraçant ce souvenir à jamais douloureux, un écrivain qui respecte la vérité et se respecte soi-même, doit réclamer le droit de le dépouiller de toutes les impostures qu'y ont attachées l'orgueil et la fourbe révolutionnaires.

Que, feignant d'être enivré d'un triomphe auquel il ne croyait pas lui-même, un Dumouriez se soit insolemment comparé à Léonidas ; que, d'un simulacre de combat, il ait fait une seconde journée des Thermopyles ; qu'importe à l'inflexible histoire ? Tout lui sera révélé un jour ; et dès ce moment, c'est un devoir, pour ceux qui lui préparent des matériaux, de ne considérer dans la campagne, et surtout dans la retraite de 1792, que les ressorts politiques qui les firent entreprendre. Cet examen échappera aux yeux prévenus qui chercheront des combinaisons militaires, là où il n'y eut que des intrigues de cabinet (1).

---

(1) Tout était mensonge à cette époque : on se serait cru revenu au temps où les révolutionnaires de l'ancienne Rome imaginèrent les fables des *Lucrèce*, des *Mutius Scœvola*, des *Clélie*, des *Coclès*. Ici, c'était Thionville réduite en cendres par les émigrés, quoique les émigrés n'y eussent pas jeté une seule bombe. Là, c'était l'archiduchesse Christine mettant, de sa propre main, le feu aux mortiers, dans la tranchée de Lille, quoique cette princesse n'ait jamais paru au siége de cette place. Et des volumes, des gravures, des pièces de théâtre, ont consacré tant d'inepties et d'atrocités ! A qui, si ce n'est aux écrivains de notre révolution, appliquera-t-on ce vers fameux de Voltaire:

Et voilà justement comme on écrit l'histoire.

Les chemins de Paris semblaient être ouverts au corps de Condé : tout à coup il se vit rejeté dans les gorges de la forêt Noire. Le prince, dans son quartier général de Willingen, ne s'occupa que du sort de ses compagnons d'armes. L'armée des princes, frères du Roi, venait d'être licenciée : il obtint que la sienne resterait sous les drapeaux. Jusqu'à cette époque fatale, il l'avait entretenue de ses propres fonds ; mais ses ressources étaient épuisées. Toujours supérieur à l'adversité, il fait mettre à l'ordre la déclaration qui suit :

Messieurs,

« L'impossibilité de rassembler la noblesse
« comme je le faisais à Worms, me décide à lui
« faire connaître par écrit mes espérances, mes
« craintes et mes sentimens pour elle. Cruelle-
« ment forcé par les circonstances de m'occuper

Cette note serait incomplète si, dans un ouvrage consacré aux Condé, on oubliait un trait comme celui qui suit :

Une gravure toute récente représente un général, jetant son bâton de commandant dans les retranchemens de l'ennemi. Vous croyez voir le grand Condé à Fribourg ; vous approchez, et vous trouvez je ne sais quel obscur général de brigade....! C'est ainsi que des hommes, fort estimables peut-être par eux-mêmes, devront à l'esprit de parti et à l'ignorance de ne paraître devant la génération future que sous un aspect ridicule !

« plus en ce moment de sa position que de sa
« gloire, à laquelle cependant je suis bien loin de
« renoncer, je dois lui dire que j'ai de fortes rai-
« sons d'espérer qu'à la sollicitation des frères du
« Roi les puissances s'occuperont très-incessam-
« ment d'assurer l'existence des émigrés armés
« pour la bonne cause. Mais il est également de
« mon devoir de prévenir les officiers et gentils-
« hommes, avec la franchise et la loyauté qu'ils
« m'ont toujours connues, que, si ces secours n'ar-
« rivaient pas, je me verrais forcé, après avoir
« épuisé sans regret tous mes moyens person-
« nels, de retarder les paiemens. Je saisis exprès
« le moment où la noblesse va toucher ses ap-
« pointemens pour lui parler avec cette vérité,
« afin de laisser plus de moyens à ceux qui juge-
« raient à propos de s'absenter.

« Les officiers et gentilshommes qui ne seront
« point effrayés de cette déclaration de ma part,
« et qui resteront, soit parce que leurs familles
« et leurs affaires n'exigent pas absolument leur
« présence, soit par le défaut de moyens pour
« voyager, soit enfin par une *bienveillance qui*
« *me serait personnelle*, et dont on m'a donné
« trop de preuves pour n'être pas tenté de m'en
« flatter, peuvent être sûrs que je donnerai tous
« mes soins aux derniers des gentilshommes qui
« resteront avec moi, comme je les donnais aux
« trois mille qui m'ont suivi avec tant de zèle et

« de dévoûment. Plus heureux mille fois de sou-
« lager leurs maux que de prévenir les miens pro-
« pres, et quel que puisse être le sort qui me soit
« destiné, je ne ferai pas une démarche, je n'au-
« rai pas une pensée, qui n'ait pour but le salut
« de mon Roi, de ma patrie, et l'intérêt de cette
« brave noblesse qui me devient tous les jours
« plus chère par son courage, par ses malheurs,
« et dont j'ai tout lieu d'espérer, je le répète,
« que l'existence et la fermeté seront puissamment
« et constamment soutenues par la magnanimité
« des souverains. »

En tenant ce langage paternel, le prince n'exprimait pas un sentiment qui ne fût dans son cœur. Il sollicita vivement en faveur de cette noblesse, victime de sa foi, la magnanimité d'une grande souveraine. Catherine II ne fut point sourde à la voix d'un héros malheureux : elle fit une réponse digne d'elle ; et sa délicatesse sut y donner un nouveau prix, en choisissant un chevalier français pour la porter.

Le duc de Richelieu, qui venait de servir sous ses drapeaux contre les Ottomans, arrive tout à coup à Willingen. A ses dépêches sont joints soixante mille ducats, pour les frais de route du prince et de ceux de ses gentilshommes qui voudraient accepter l'asile qui leur est offert en Russie. L'impératrice leur assignait, sur les bords de la mer d'Azof, des terres fertiles et situées sous un climat aussi doux que celui de la France. Les grades, les traitemens dont ils jouissaient sous leur Roi légitime, leur étaient assurés dès l'heure même.

Il s'est trouvé des écrivains qui ont fait à Catherine une sorte de crime de cette proposition. A les entendre, cette princesse n'eût voulu considérer la révolution française que sous deux aspects également favorables à ses intérêts personnels : d'abord, l'anéantissement d'une puissance liée par d'antiques nœuds à la Turquie, objet constant de ses projets ambitieux ; en second lieu, une occasion inespérée de donner la vie aux plus belles parties de son empire, en y attirant l'élite de la nation française.

Pour repousser ces odieux reproches, il suffirait de se reporter à l'époque où l'impératrice offrit aux émigrés le refuge auquel on suppose des motifs d'une politique si étroite. Des deux grandes puissances du continent, voisines de la France, l'une venait de terminer si brusquement sa première expédition, qu'il était impossible de lui supposer le dessein de poursuivre une guerre commencée sous de si funestes auspices. L'autre, au contraire, n'était entrée qu'avec une sorte de répugnance et de tâtonnement dans une lutte ouvertement provoquée par les meneurs de la révolution française. L'Angleterre observait, et ne laissait point pénétrer ses projets; ou, du moins, si l'œil de Catherine avait su lire dans la pensée du ministère anglais, elle n'y avait vu que la détermination bien prononcée d'attendre dans un calme réfléchi l'issue de la grande commotion qui devait changer entièrement la face d'un empire, rival depuis tant de siècles de la puissance britannique. Placée à une extrémité de l'Europe, sortant à peine d'une guerre qui avait couvert ses armes de gloire, mais qui avait épuisé ses finances, était-ce à elle, la plus éloignée, à aller chercher le monstre que ceux qui étaient les plus près d'en être dévorés, combattaient avec tant de mollesse? Une expédition maritime, comme celle dont il a été question plus haut, convenait seule à la Russie: cette expédition, beaucoup moins aventureuse qu'on ne pense, Catherine la voulut, tant que Gustave III dut la diriger. Lui était-il permis d'y songer encore, lorsque ce prince valeureux, victime d'un lâche assassin, fut remplacé sur le trône par un prince trop justement soupçonné, peut-être, de favoriser dans son cœur les nouvelles doctrines?

Mais, quand on a le cœur français, peut-on blâmer les nobles compagnons d'armes des trois Condés, lorsqu'ils apercevaient encore les frontières de leur patrie, d'avoir reçu avec plus d'effroi que de reconnaissance l'offre d'aller chercher le repos et l'oubli à six cents lieues de la France?

Un nouveau forfait, un forfait exécrable venait cependant d'imprimer une tache sanglante à cette trop malheureuse France. Le prince de Condé apprend que la tête sacrée de l'auguste chef de sa maison est tombée sous la hache des parricides. Il rassemble ses chevaliers aux pieds des autels, et leur adresse ce discours (1) :

« C'est dans l'amertume de nos cœurs que
« nous venons de rendre le dernier des homma-
« ges que nous prescrivaient le respect profond et
« l'attachement sans bornes dont nous étions pé-
« nétrés pour l'infortuné Louis XVI. Si notre
« inaltérable et constante fidélité n'a pu le sauver
« des horreurs de son sort, au moins elle l'a
« suivi jusqu'à la tombe où le plus atroce des
« crimes vient de précipiter le plus malheureux
« des Rois. Une longue douleur n'épuisera jamais
« la source de nos larmes ; et le comble des maux
« pour toute ame sensible est d'avoir à pleurer, à
« la fois, la perte de son Roi et les crimes de sa
« patrie.

---

(1) Nous recueillons, autant qu'il est en nous, les lettres et les discours directement émanés du prince dont nous retraçons la vie. Peut-il jamais être mieux peint que par lui-même? Et quand nous voyons les historiens de l'antiquité composer à grands frais les harangues qu'ils placent dans la bouche de leurs personnages, un biographe ne doit-il pas se trouver trop heureux de n'avoir qu'à répéter les propres paroles de son héros ?

« Mais vous savez, Messieurs, qu'il est de prin-
« cipe que le Roi ne meurt jamais en France.
« Puisse le ciel préserver de tous les dangers qui
« l'entourent cet enfant précieux et intéressant,
« qui, né pour le bonheur, ne connaît encore
« de la vie que le malheur d'être né. Quel que
« soit le sort qui l'attende, il ne peut être qu'a-
« gréable à Dieu que ce soit aux pieds de ses au-
« tels (comme c'est l'usage en France), que nous
« nous livrions au premier élan de notre antique
« amour pour nos Rois, et des vœux que nous
« formons pour notre légitime Souverain. Le Roi
« est mort, Messieurs, le Roi est mort..... *Vive*
« *le Roi !* »

A peine le chef vénéré de ces Français fidèles s'était-il acquitté du triste devoir de leur apprendre la fin déplorable de leur Roi, que déjà il avait à préparer leurs ames à une infortune nouvelle. Le général comte de Wallis lui signifia l'ordre qu'il avait reçu d'opérer le licenciement de son corps, pour le 1er avril 1793. Nulle forme, nul ménagement n'adoucissait l'amertume de ce sinistre message. On crut entrevoir le projet de réduire les braves compagnons d'armes des Condés à s'enrôler dans les rangs autrichiens. On se ressouvint des offres de Catherine II, et la Crimée déjà paraissait moins lointaine et moins barbare.

Mais le prince s'était rendu l'organe du désespoir de ses preux : il traça un tableau si touchant de leur position, que l'ame de l'empereur en fut émue. La générosité du monarque révoqua l'ordre rigoureux de ses ministres. Il enjoignit au comte de Wurmser, nommé au commandement de l'armée du haut Rhin, d'y réunir le corps de Condé, et de l'assimiler en tout à ses troupes. Le prince partit aussitôt pour Heidelberg, afin de se concerter directement avec le vieux feld-maréchal.

Les maux de la France, les chagrins de l'exil, n'étaient point les seuls qui pesassent sur le noble cœur du prince. Que de peines secrètes naissaient chaque jour de sa position! Que d'ames vulgaires eussent tenté d'en profiter, si la sienne eût pu oublier un instant ce qui lui était légitimement dû comme prince de la plus ancienne maison souveraine de l'univers, comme chef de la noblesse française!

Depuis qu'il habitait l'Allemagne, il avait eu doublement à se plaindre du duc de Wurtemberg, que nous avons vu devenir électeur, puis roi. Le duc professait, relativement à la révolution française, des opinions peu conformes à son rang (1),

---

(1) On croirait difficilement quels étranges préjugés régnaient en Allemagne sur les causes de notre révolution. Cent fois, par exemple, on a entendu des officiers autrichiens et prussiens dire à des émigrés français : « N'est-il pas vrai que vous aviez le droit de tirer indistinctement sur vos vassaux comme sur vos pigeons? »

et elles s'étaient trop laissées voir dans toutes les relations que les circonstances avaient fait naître entre le prince de Condé et lui. Tout à coup le duc apprend du maréchal de Wurmser que l'armée de Condé avait ordre de traverser ses États. Jugeant mal de la générosité du prince français, il craint que l'Allemagne ne soit témoin des effets de son trop juste ressentiment. Il le fait secrètement pressentir sur ses dispositions. Le prince répond que la noblesse française qu'il commande, respecte les souverains et se fait respecter des peuples par la sévérité de la discipline qu'elle observe dans ses camps et dans ses marches. Mais le prince de Condé, porté par les malheurs de son pays sur une terre étrangère, ne se croit pas moins grand qu'il l'était dans ses domaines ou à la cour du Roi de France, et il sait ce qui lui est dû (1).

Conformément à ce qu'il avait exigé, le duc de Wurtemberg se porta à sa rencontre. Après lui avoir témoigné ses regrets sur le passé et s'en être excusé sur l'empire des circonstances, il le pria de s'arrêter à Stuttgard, où il lui fit tous les hon-

---

(1) Le duc de Savoie rentrait, un jour, au Louvre avec Henri IV et le prince de Condé. Le roi passe : le duc et le prince semblaient hésiter sur la préséance ; le Roi se retourne : « Passez, passez, mon cousin, dit-il vivement; « monsieur de Savoie sait trop bien *ce qu'il vous doit.* »

neurs de sa petite cour. Le lendemain, au moment où le prince de Condé s'apprêtait à quitter son quartier-général de Caustadt, il vit paraître le duc de Wurtemberg qui le conduisit jusqu'à une lieue de là.

Le prince passa le Rhin près de Philipsbourg, et se rendit à Spire, quartier-général du comte de Wurmser. Le vieux guerrier alla au devant de lui, et le prince le salua à la tête de son corps.

Il était assez extraordinaire, dit un des plus dignes officiers de ce noble corps (1) de voir un prince du sang de France aux ordres d'un gentilhomme alsacien, né sujet du Roi, et qui avait fait la guerre de sept ans, dans un grade subalterne, sous le prince de Condé lui-même. A la paix, le comte de Wurmser avait obtenu du Roi la permission de passer au service de l'Empereur. Ses souvenirs ne rendirent que plus vive la sensibilité et l'admiration qu'il témoigna pour le dévoûment de cette foule d'officiers et de gentilshommes de tout âge et de tout grade, qui, oubliant ce qu'ils avaient été, chargeaient noblement leurs épaules du havre-sac et du fusil de munition. Le prince de Condé, lui-même, n'était que feld-maréchal lieutenant, le duc de Bourbon que général-major, le duc d'Enghien que simple major d'infanterie.

---

(1) M. le marquis d'Ecquevilly.

Le roi de Prusse, avant de commencer les travaux du siége de Mayence, voulut visiter les lignes de l'armée autrichienne. Le prince de Condé le reçut à Germersheim, à la tête d'un bataillon de gentilshommes. On observa que le monarque tint son chapeau à la main, tant qu'il fut devant le front de ce bataillon. Il ne se recouvrit qu'en arrivant aux troupes de ligne, se bornant alors à saluer les officiers. Le prince lui représenta qu'il manquait d'artillerie : le Roi mit aussitôt à sa disposition huit pièces qu'il venait d'enlever aux républicains. « J'espère, dit peu de temps après Frédéric-Guillaume, que je pourrai voir, un jour, ces canons à Chantilly. »

Les forces du prince s'accroissaient chaque jour: à la nouvelle que l'étendart des lis flottait encore sur les bords du Rhin, les débris de l'armée licenciée s'y ralliaient de toutes parts.

Sans cesse aux avant-postes, sans cesse engagé avec l'ennemi, on n'attend pas ici un journal détaillé de toutes les actions où le corps de Condé soutint l'honneur de son nom. Mais, dès le début de cette campagne, eut lieu un fait d'armes, qu'il n'est point permis de passer sous silence.

Quatre-vingt gentilshommes, commandés par M. de Salgues (1), occupaient, entre Ziskam et Belheim, une redoute qu'ils avaient ordre d'aban-

---

(1) Lieutenant-colonel du régiment de Condé.

donner, si elle était attaquée dans les formes. M. de Salgues, sur le point de se voir tourné par des forces très-supérieures, se replia sur le bois de Zisham, mais avec la ferme résolution de revenir bientôt sur ses pas. En effet, il rallie sa petite troupe, et, peu d'instans après, les quatre-vingts gentilshommes fondent, la baïonnette au bout du fusil, sur trois cents républicains qui défendaient la redoute de Belheim : elle est reprise aux cris de *vive le Roi !* (1)

Si, dans cette lutte désastreuse, où les fureurs criminelles de quelques conspirateurs réduisirent tant de milliers de Français à s'entr'égorger, la bravoure nationale éclata des deux parts, pourquoi les vertus qui consolent des maux de la guerre ne se trouvèrent-elles que d'un seul côté !

Un grand nombre de républicains étaient tombés au pouvoir des émigrés, à la brillante affaire de Belheim. Ils attendaient la mort. Le prince envoya un officier supérieur (2) leur dire : « Vous
« nous égorgez quand nous avons le malheur de
« tomber entre vos mains ; mais, fidèle aux prin-

---

(1) Cette action héroïque du 19 juillet 1793 inspira à Delille ces vers du poëme *de la Pitié.*

« Sparte, ne parle plus de tes trois cents guerriers !
« Un seul de leurs combats égale tes lauriers. »

(2) M. de Solémy, lieutenant colonel du régiment de Brie.

« cipes de religion et d'humanité que nous profes-
« sons tous, le prince qui nous commande m'a
« ordonné de vous faire donner tous les secours
« qui vous sont nécessaires. »

S. A. R. MONSIEUR, qui, depuis la mort
de Louis XVI, avait pris le titre de régent du
royaume, écrivit au prince de Condé la lettre
suivante :

« Vous avez bien jugé, mon cher cousin, du
« plaisir que j'éprouverais en apprenant l'affaire
« du 19 juillet, et la conduite de la noblesse en
« cette occasion. Sa gloire est la mienne, et ses
« succès sont ma plus douce satisfaction. Dites-lui
« bien, de ma part, que mon seul regret est de
« n'avoir point partagé, dans cette belle journée,
« ses dangers et ses lauriers. Je n'ai pas besoin de
« vous recommander les gentilshommes qui y ont
« été blessés..., etc. »

LOUIS-STANISLAS-XAVIER.

A Hamm, 24 juillet 1793.

M. le comte d'Artois avait écrit, en même temps,
une lettre remplie des témoignages de son affection
pour la noblesse.

Elle acquérait chaque jour de nouveaux titres à
l'estime de ses princes. Le général autrichien avait
recours à sa valeur dans toutes les occasions difficiles. De ce nombre fut sans doute l'expédition de

Bodenthal, entreprise, à une grande distance dans les terres, pour tourner les lignes de Weissenbourg et préparer l'attaque générale. L'affaire fut extrêmement chaude pour les corps de l'armée de Condé qui y furent employés : le comte de Béthizy et son jeune fils s'y couvrirent de gloire.

Les discussions politiques, qui ne cessaient d'occuper et de diviser les cours de Prusse et d'Autriche, entravaient à chaque instant les opérations de la campagne. Elles reprirent tout à coup la plus brillante activité par l'attaque des fameuses lignes de Weissenbourg. L'armée de Condé y prit la part la plus périlleuse et la plus glorieuse : ce fut le comte de Vioménil qui força les portes de la ville.

Le prince donna, dans cette circonstance, une nouvelle preuve de sa modération et de son humanité. Les habitans de Weissenbourg s'étaient prononcés par de coupables excès pour la cause républicaine : le comte de Wurmser fit proposer au prince de Condé d'occuper leur ville. Il voyait l'indignation de ses troupes ; il craignit qu'elle n'abusassent de la victoire ; il refusa l'offre du général autrichien, et passa la nuit au bivouac.

On marcha sur Haguenau, où la vue de l'étendart des lis et de la cocarde blanche excita un véritable délire. Une députation vint offrir au prince de Condé un renfort de plusieurs milliers de fidèles Alsaciens. Mais c'est alors que se laissa pénétrer, de nouveau, cette politique étroite et jalouse dont les premiers symptômes s'étaient fait apercevoir, l'année précédente, à la seule proposition d'une entreprise sur Landau.

A l'offre généreuse des Alsaciens, le comte de Wurmser, opposa l'ordre qu'il avait reçu de sa cour, de ne point consentir à une augmentation du corps de Condé. Les motifs réels de ce refus ne tardèrent point à être mieux connus. Les vues intéressées du cabinet de Vienne, souvent en opposition avec la générosité personnelle de l'Empereur, ne se conciliaient nullement avec la guerre loyale que prétendait soutenir le Roi de Prusse. Des accroissemens de territoire étaient hautement désignés comme le juste prix des efforts nécessités par cette grande querelle. Bientôt, il ne fut plus permis de se méprendre sur le sort qui était réservé à l'Alsace. Déjà, la partie conquise était traitée en province autrichienne. Des proclamations répandues dans les campagnes rappelaient aux peuples les temps, où leurs pères vivaient sous la domination impériale. Dans tous les villages, sur toutes les routes, le général autrichien faisait planter des poteaux avec l'aigle à deux têtes; il donnait aux postillons la livrée de l'Empereur.

Mais combien ses calculs se trouvèrent abusifs! Devenus véritablement français par l'écoulement des générations et l'habitude, les Alsaciens avaient reconnu avec transport dans le prince de Condé le sang de leur Roi. Lorsqu'ils se virent trompés dans l'espoir de se rallier à ses drapeaux, ils cessèrent de regarder les Autrichiens comme des libérateurs et des alliés. Ils demandaient à combattre sous l'étendart royal : indignés de se voir repousser, ils rentrèrent dans les rangs républicains (1).

Placé à deux cents lieues du théâtre de la guerre, le conseil aulique de Vienne voulait faire marcher de front les intrigues politiques et les opérations militaires. Il ne tarda pas à recueillir le fruit de ces combinaisons imprudentes. La marche des troupes victorieuses se trouvait sans cesse arrêtée par les obstacles que leurs généraux eux-mêmes faisaient naître. Après la prise des lignes de Weissenbourg, l'armée républicaine complètement débandée fuyait, en désordre, sur toutes les directions. La grosse artillerie et les bagages cherchaient un refuge dans les Vosges. Strasbourg, abandonné à son propre sort, n'avait pour garnison qu'un bataillon de gardes nationales.

Le prince de Condé savait que le Roi conservait

---

(1) Partout, comme nous l'avons observé, nous verrons les royalistes tenir la même conduite. Il suffit, dans le même temps, de l'aigle d'Autriche arboré sur l'hôtel de ville de Valenciennes, pour refroidir l'élan de cent mille hommes prêts à se lever en Artois et en Picardie, et à frayer les chemins de Paris aux alliés de Louis XVII, s'ils eussent voulu l'être !

dans cette place importante un grand nombre de sujets fidèles : quelques-uns mêmes y occupaient les premières autorités civiles. On les fait pressentir; ils se montrent disposés à ouvrir leurs portes, si on les en somme au nom de Louis XVII. Ils s'attendent à voir paraître un Bourbon et les fleurs de lis; ils n'aperçoivent qu'une colonne autrichienne et des aigles : ils restent immobiles.

Les vues ambitieuses du cabinet de Vienne n'avaient point échappé à la pénétration de celui de Berlin. De ce moment, la stagnation des armées prussiennes n'annonça que trop qu'elles ne voulaient plus verser leur sang pour l'accroissement d'une puissance rivale. C'est à cette époque, on peut l'affirmer aujourd'hui, que Frédéric-Guillaume forma le projet de se retirer d'une coalition, qui s'écartait aussi étrangement du noble but pour lequel il avait pris les armes.

Le prince de Condé était livré à ces tristes conjectures, lorsque la nouvelle de la fin déplorable de la Reine vint mettre le comble à ses douleurs. Il en reçut la confirmation par la lettre que lui adressa le régent :

A Hamm, le 23 octobre 1793.

« Mon cousin, vous avez sans doute appris le
« crime affreux que les régicides viennent d'a-
« jouter à tous leurs forfaits. Je vous prie de re-

« mettre à la brave noblesse et à tous les Français
« fidèles qui sont sous vos ordres la lettre ci-
« jointe, où j'ai tâché d'exprimer les sentimens
« dont nous sommes animés : ces sentimens se-
« ront partagés par toute l'armée autrichienne.
« L'horrible assassinat de la fille de Marie-Thé-
« rèse, ne peut être que profondément senti par
« ceux qui ont servi son auguste mère ; la douleur
« et l'indignation seront égales entr'eux et nous. Je
« ne vous parle pas de tout ce que mon cœur
« éprouve : il vous sera facile d'en juger par le
« vôtre. »

Lettre du Régent aux Gentilshommes.

« Messieurs, je reçois dans l'instant la nouvelle
« de l'horrible attentat qui vient de terminer les
« jours de la Reine, ma belle-sœur. La douleur
« et l'indignation qu'il me cause ne peuvent être
« adoucies que par la part que vous y prendrez.
« Vrais Français et sujets fidèles, nous devons
« sentir doublement l'horreur de ce crime. C'est
« en redoublant de zèle pour le service de notre
« jeune et malheureux Roi, que nous pouvons
« lui rendre, un jour, moins amères des pertes si
« cruelles, et faire disparaître la tache que des
« monstres veulent imprimer au nom français.
« Tels sont, j'en suis sûr, les sentimens qui
« vous animent ; tels sont ceux que nous con-

« serverons, mon frère et moi, jusqu'à notre
« dernier soupir. Tel est le but vers lequel ten-
« dent tous nos efforts, et pour lequel le sacrifice
« de notre vie ne nous coûterait rien. »

La prise du Fort-Louis (1) semblait devoir terminer cette campagne. Bientôt, en effet, le corps de Condé fut réparti dans des cantonnemens, en avant de Haguenau, l'avant-garde occupant Hochfeld, à mi-chemin de cette ville et de Saverne.

Mais la suspension des hostilités n'entrait point dans le plan des généraux républicains, ou plutôt dans celui des commissaires de la convention, dont ils n'étaient que les instrumens. Accoutumés à verser le sang comme l'eau, ces proconsuls sanguinaires avaient ordonné que l'armée autrichienne serait attaquée tous les jours sur toute la ligne, aux cris sans cesse répétés de *Landau ou la mort!* Cette place n'était que faiblement bloquée par un corps de l'armée du duc de Brunswick; et les républicains étaient même loin de se douter que l'indifférence des prussiens pour cette

---

(1) Parmi les troupes républicaines qui formaient la garnison de cette place, était un bataillon national de la *Corrèze*. Croirait-on que cette troupe, l'on serait tenté de dire cette horde, s'était donné le nom de *Bataillon de la Guillotine*, et avait fait peindre sur son drapeau l'exécution de Louis XVI ?

conquête allait au point de laisser pénétrer dans la ville les vivres dont elle avait un pressant besoin.

A l'inflexible rigidité de ses ordres la convention ajouta la promesse d'un million, qui serait distribué à ses soldats, s'ils parvenaient à débloquer Landau avant une époque déterminée. Leurs attaques redoublèrent de fréquence et d'acharnement.

Celle qu'ils firent le 2 décembre, sur le village de Berstheim, devint pour le corps de Condé l'occasion d'un des plus beaux faits d'armes qui aient illustré son héroïque carrière.

La gelée qui avait raffermi les chemins permit aux républicains de faire avancer leur grosse artillerie. Après s'en être servi pour battre les retranchemens de ce village, centre de la position du prince, comme ils l'avaient déjà fait la veille, ils s'avancent avec rapidité. Les légions de Mirabeau et de Hohenlohe défendent leur position avec la plus grande valeur; mais l'acharnement des répucains semble s'accroître avec leur nombre : ils pénètrent dans le village avec des cris affreux.

Ce premier succès pouvait devenir décisif : un coup d'œil du prince l'en avait averti; et déjà sa résolution est prise. C'était la seule qui convînt au fils du grand Condé. Il saute en bas de son cheval; et, tirant l'épée, il se place à la tête de ses deux bataillons de gentilshommes : « Messieurs, s'écrie-

« t-il, vous êtes tous des Bayards ; il faut re-
« prendre ce village ».

On ne lui répond que par les cris : à la baïonnette ! Et l'on se précipite à travers le feu le plus terrible d'artillerie et de mousqueterie. Les haies vives, les maisons, les rues, tout est emporté en dix minutes : des cris de *vive le Roi*, poussés à l'extrémité du village, annoncent de loin à la réserve que les républicains en sont chassés.

Pendant ce temps, le fils et le petit-fils se montraient dignes d'un tel père (1).

A la tête de la seconde et de la troisième division de la cavalerie noble, le duc de Bourbon s'élance sur la cavalerie républicaine, et la chasse devant lui. Un ravin profond se présente : emporté par son ardeur, le prince le franchit avec une poignée de gentilshommes. Les républicains se hâtent de profiter de leur avantage, et se flattent de les accabler : la mêlée est sanglante ; le prince est grièvement blessé. Mais le reste des escadrons survient : les cavaliers républicains fuient, et laissent deux pièces d'artillerie légère au pouvoir de leurs vainqueurs.

---

(1) C'est au récit de cette journée, que Delille s'écria dans sa langue :

Condé, Bourbon, Enghien, se font d'autres Rocrois,
Et, prodigues d'un sang chéri de la victoire,
Trois générations vont ensemble à la gloire.

Sur un autre point, le duc d'Enghien conduisait au combat les chevaliers de la couronne. Presque seul, il court enlever une pièce de canon; ses habits sont criblés de balles et de coups de baïonnette; il est entouré, il se défend en héros jusqu'à ce que l'on vienne le dégager : il ramène la pièce.

Le résultat de cette brillante, mais sanglante journée, ne fut que la gloire d'avoir conservé une mauvaise position, que, quelques jours plus tard, il fallut abandonner. Moins de trois mille émigrés, avec une faible artillerie de campagne, avaient forcé à une retraite précipitée douze mille républicains soutenus de trente pièces de gros calibre. Tous les trophées de la victoire étaient restés entre leurs mains (1).

Le maréchal de Wurmser et plusieurs généraux autrichiens, malgré la froideur qui régnait entr'eux et l'armée royale, vinrent, le soir même, féliciter le prince de Condé et ses compagnons d'armes. « Eh bien, M. le maréchal, lui dit le « prince, comment trouvez-vous ma petite infan- « terie ? — « Monseigneur ! elle grandit au feu »,

---

(1) Tous les cavaliers républicains tués ou pris avaient des mains de papier sous leur veste, devant et derrière. Ce fait est attesté par mille témoins oculaires. Si nous le rappelons ici, c'est pour avoir le droit de faire cette question : « Que ne diraient pas les hommes qui, depuis trente « ans, poursuivent la noblesse de leurs calomnies, si « jamais l'on eût trouvé des émigrés plastronnés ? »

répondit le maréchal. Les Autrichiens furent peu étonnés d'apprendre que des chevaliers français s'étaient battus avec un courage héroïque; mais ils ne purent refuser des larmes d'admiration à des traits comme celui-ci :

Un soldat de la légion de Mirabeau, blessé, jetait les hauts cris à côté d'un chevalier de Saint-Louis qui avait une jambe emportée (1) : « Songez, « mon ami, lui dit cet intrépide officier, que « votre Dieu est mort sur la croix, et votre Roi « sur l'échafaud ! nous devons nous trouver heu-« reux de mourir pour leur cause. »

Trois jours après, les républicains attaquèrent de nouveau Berstheim, et de nouveau ils furent repoussés avec une perte considérable. Désespérant de forcer le corps de Condé dans cette position, ils essayèrent de se faire jour sur un point de la ligne autrichienne, et furent plus heureux. Le comte de Wurmser fit entrer son armée dans les redoutes qu'il avait élevées en avant d'Haguenau, depuis le Rhin jusqu'aux montagnes.

MONSIEUR, qui était alors à Turin, n'eut pas plutôt appris la nouvelle de ce combat, qu'il écrivit au prince de Condé :

« Il m'est difficile de vous exprimer la joie que

---

(1) C'était M. de Barras, officier de marine, frère du directeur.

« me cause la glorieuse affaire du 2 décembre. Ce
« n'est pas assurément que je doutasse de ce que
« peut la valeur de la noblesse française; mais il
« était temps que les rebelles sussent ce qu'elle
« peut toute seule... Jouissez, mon cher cousin,
« de cette belle journée, comme bon Français,
« comme général, comme vaillant chevalier et
« comme père ! »

Mais les forces physiques de cette héroïque noblesse n'étaient pas en proportion de son courage. Les fatigues d'un service non interrompu aux avant-postes, et les bivouacs continuels dans une saison rigoureuse, avaient fait naître beaucoup de maladies. Père de ses soldats, le prince représenta au général autrichien que son corps, très-affaibli d'ailleurs par le grand nombre de ses morts et de ses blessés, avait besoin de repos. Mais le comte de Wurmser savait trop bien de quelle utilité lui était cette troupe dévouée, dans un moment où les républicains semblaient annoncer la résolution de forcer, à tout prix, les lignes qu'il destinait à couvrir ses quartiers d'hiver.

Ce ne fut point, en effet, sur les points confiés à la garde du corps de Condé que les républicains pénétrèrent. Ils parvinrent à tourner la droite des Autrichiens, et s'emparèrent de plusieurs de leurs redoutes. De ce moment, la retraite du comte de Wurmser était décidée : le corps de Condé, qui était intact dans ses positions, apprit tout à coup qu'il fallait les abandonner, et se diriger sur Seltz, près Lauterbourg.

La nuit était affreuse : l'horreur en était redoublée par les cris lamentables des malheureux habitans de Haguenau, qui, du sein de la sécurité où les généraux autrichiens n'avaient cessé de les entretenir, se voyaient, en un instant, arrachés à leurs foyers, ou menacés de tomber dans les mains impitoyables des agens de la convention. Les chemins étaient couverts d'infortunés de tout sexe et de tout âge qui fuyaient au milieu des ténèbres. Sans secours, sans asile, ils ne trouvèrent de pitié que chez leurs compatriotes : ces émigrés qui avaient eux-mêmes tout perdu, s'offrirent à leur servir de protecteurs.

Mais déjà tout le poids, tous les périls de cette retraite précipitée retombaient sur ce faible corps, que sa glorieuse destinée semblait réserver à être toujours le plus près de l'ennemi. Ce fut encore une poignée de Condéens qui couvrit la retraite de l'armée autrichienne, qu'avait frappée une terreur panique.

Telle fut la fin désastreuse d'une campagne ouverte sous de plus favorables auspices. Mais une entreprise où tant de volontés se croisaient, où la jalousie divisait sans cesse ceux qu'un même intérêt eût dû réunir, pouvait-elle avoir une autre issue (1) ?

---

(1) La lettre fameuse que le duc de Brunswick écrivit, à

Le corps de Condé passa le Rhin près de Neubourg, et alla prendre ses cantonnemens dans les environs de la petite ville de Lahr, en Brisgaw. Le prince lui adressa la proclamation suivante :

« La multiplicité des occasions où la noblesse
« française, tous les corps et tous les individus
« qui composent cette armée, se sont distingués
« dans tout le cours de cette campagne, m'a fait
« craindre de la fatiguer de remercîmens trop ré-
« pétés, si je les lui adressais à chaque affaire
« heureuse où elle a si bien su se rendre digne
« d'elle-même. J'ai donc cru devoir attendre la
« fin de nos travaux pour remplir ce vœu de
« mon cœur. C'est avec la plus grande satisfaction
« que je m'y livre aujourd'hui, en exprimant à
« l'armée tout l'intérêt, tout l'attachement, toute
« l'admiration que m'inspirent ces sacrifices si
« méritoires et si soutenus, cette patience à toute
« épreuve, cette valeur tantôt ardente et tantôt
« froide, et toujours à propos, dont j'ai été assez
« heureux pour être témoin. Avec de pareils
« soldats, un général a bien peu de chose à faire;
« il les suit plutôt qu'il ne les mène; il partage
« leurs succès, mais il leur doit tous les siens.

« Ce n'est pas sans avoir le cœur déchiré de

---

cette époque, au roi de Prusse, pour se démettre du commandement de son armée, expose sans voile la mésintelligence qui régnait entre les cabinets des souverains coalisés, et leurs généraux. (Voir *Pièces justificatives*, n° 3.)

« tout le sang précieux que j'ai vu répandre,
« mais c'est avec autant de reconnaissance que
« de sensibilité que je félicite tous mes braves
« compagnons d'armes de la gloire dont ils se
« sont couverts, présage heureux de celle qui les
« attend la campagne prochaine. Quel que soit
« leur sort, quel que soit le pays qui leur soit
« destiné par les princes et les puissances coalisées,
« l'armée doit être bien sûre que tout ce que j'ai
« vu d'elle ne peut que redoubler (s'il est pos-
« sible) les sentimens affectueux et tendres que
« j'ai voués dans tous les temps à la noblesse fran-
« çaise, au vrai militaire français.

« Je me trouverai bien heureux si je peux leur
« rendre quelquefois utile, par la suite, le reste
« d'une vie que je conserve, comme eux, à la
« cause, au service de mon Roi. Faibles, sans
« doute par le nombre, mais forts de nos senti-
« mens et de notre énergie, ne nous effrayons pas
« des succès momentanés du crime. Portons nos
« regards sur l'avenir, et ne doutons pas un seul
« instant que tant de travaux, de fatigues et de
« dangers, et surtout de constance à les braver
« encore, nous ramèneront enfin des jours plus
« tranquilles et plus heureux. »

Mais au moment, où le prince de Condé félicitait et consolait ses compagnons d'armes, il re-
cevait lui-même, de l'Empereur d'Autriche, un
hommage également digne de son haut rang et de

ses vertus héroïques. Ce monarque lui adressa la lettre suivante :

Vienne, 8 décembre 1793.

« Monsieur mon cousin, mon général de ca-
« valerie le comte de Wurmser m'a rendu
« compte, en diverses occasions, et principa-
« lement dans la relation de la journée du 2 de
« ce mois, de la haute valeur, et des grands ta-
« lens militaires que Votre Altesse ne cesse de dé-
« ployer dans cette guerre contre les ennemis sa-
« crilèges de la religion, du trône et de tout bon-
« heur social. Le comte de Wurmser a rendu,
« en même temps, justice aux preuves multi-
« pliées d'intrépidité et de bonne conduite des
« corps français fidèles qui combattent sous les
« ordres de Votre Altesse.

« Ces témoignages ne peuvent que redoubler
« mes sentimens pour un prince digne héritier
« de la gloire de ses ancêtres, et mon intérêt pour
« une noblesse dont la bravoure égale l'infortune
« et s'en accroît encore. Je n'en désire qu'avec plus
« d'ardeur que les efforts des puissances coa-
« lisées parviennent enfin à mettre un terme aux
« maux extrêmes de la France, et que je trouve
« dans un événement aussi désirable l'occasion de
« prouver à Votre Altesse l'estime particulière
« avec laquelle je suis, etc. »

Signé FRANÇOIS.

La rive droite du Rhin se trouvant encombrée

par la multitude de troupes qui y avaient pris leurs cantonnemens, le prince de Condé avait obtenu que son quartier-général serait porté à Rothenbourg, sur le Necker.

Son premier soin fut d'expédier à Vienne un officier muni d'instructions particulières, pour solliciter auprès du conseil aulique de guerre l'exécution des promesses de l'Empereur. Après une campagne aussi pénible, et sur le point d'en recommencer une autre, le corps de Condé éprouvait un pressant besoin de plusieurs objets de première nécessité. Mais il ne put en obtenir qu'une très-faible partie : les ministres autrichiens étaient loin de porter à cette noble troupe la même bienveillance que leur maître.

Ne pénétrant que trop bien la cause de ces lenteurs et de ces refus, le prince se rendit lui-même à Heidelberg, où venait d'arriver le successeur du maréchal Wurmser : c'était le comte de Brown. Le prince lui demanda des armes pour son infanterie; elles lui furent accordées. Un changement d'uniforme était proposé pour éviter les funestes méprises qu'avait occasionnées l'habit bleu : le prince approuva tout, pourvu qu'il fût permis à ses chevaliers de conserver la cocarde française et le panache de Henri IV. Ils obtirent même une nouvelle distinction non moins chère à leur cœur : une bande blanche passée autour du bras était décorée des trois fleurs de lis.

La troupe fidèle n'était pas encore rentrée dans la carrière des périls, lorsqu'elle apprit qu'un Bourbon de plus venait les partager avec elle. M. le duc de Berry, qui n'avait encore que seize ans, arriva tout à coup à Rastadt. Il venait faire ses premières armes sur un chef, digne modèle des princes et des guerriers. Dès le lendemain, le prince le mena faire la visite des différens postes qu'il avait établis sur la rive droite du Rhin.

Tout présageait donc de nouvelles opérations militaires, lorsque cette généreuse armée, éprouvée par tant de vicissitudes, se vit menacée dans son existence même. D'insurmontables jalousies sembloient s'accroître par l'éclat des services mêmes dont les généraux autrichiens ne pouvaient dissimuler l'importance. Il fut agité au cabinet de Vienne si l'Empereur devait conserver à sa solde un corps auquel il venait de donner, de sa propre main, des témoignages si éclatans de sa haute estime. Le prince de Condé se vit, pendant un certain temps, dans un état d'abandon qui ne l'effraya que pour ses compagnons d'infortune. Déjà il avait arrêté la réforme de toute sa maison; déjà il avait annoncé sa noble résolution de vivre, lui et ses augustes enfans, de la simple ration que recevaient les gentilshommes, lorsque les dépêches d'un homme qui veillait au salut de l'Europe, vinrent rendre quelque espoir à son cœur.

M. Pitt, sans prendre encore d'engagemens,

positifs avec le prince de Condé, l'assurait, du moins, que le Roi son maître partageait l'admiration que sa constance héroïque inspirait à l'Europe. Cette lettre était accompagnée d'un premier subside.

L'année 1795 arriva sans que la campagne eût offert quelque événement d'une importance majeure; et elle se prolongeait sans permettre d'espérer des succès plus décisifs. Jamais cependant l'armée n'avait été astreinte à un service plus fatigant et plus pénible. Le Rhin, qui était entièrement gelé, exposait chaque poste à de continuelles surprises, et nécessitait la plus active surveillance. Ce ne fut qu'après que le dégel eut diminué les craintes des généraux autrichiens, relativement à un passage inopiné, qu'ils permirent au corps de Condé d'aller prendre quelque repos dans les environs de Rothenbourg.

Il fut de peu de durée : l'Angleterre, en accordant à l'Autriche des subsides considérables, avait exigé qu'une partie en fût appliquée à l'entretien du corps de Condé. Le comte de Clerfayt, qui venait de prendre le commandement en chef de l'armée Autrichienne, mit dans ses relations avec le prince des formes respectueuses, dont avaient cru pouvoir se dispenser des hommes qui étaient loin de pouvoir s'égaler à cet illustre général. Les nouveaux arrangemens furent promptement conclus, et le prince se hâta d'en donner avis à son corps dans des termes où, comme à l'ordinaire, se peignaient la sensibilité de son cœur et l'élévation de son caractère.

« Mes braves amis et compagnons, le tendre « intérêt que je n'ai cessé de prendre à vous, me « fait jouir avec bonheur de l'heureux changement « que je puis enfin vous annoncer.

.....« N'oubliez pas, vous tous qui m'êtes si « chers, que *la valeur ne suffit pas à l'honneur;* « que ce sentiment, dont vous êtes si pénétrés, « vous impose la loi de donner l'exemple de la « sagesse et de la subordination, comme vous « donnez celui de la patience et de la fidélité. Je « ne doute pas que vous ne sentiez, dans le fond « de vos cœurs, la nécessité de ce que je vous re- « commande, pour ajouter encore à l'estime que « vous avez su mériter en tant d'occasions. Je vous « désire trop tous les genres de succès, pour ne « pas chercher à vous le prouver par les conseils « de l'intérêt que je vous dois, et par les mesures « de fermeté que je me dois à moi-même ».

D'après les instructions du comte de Clerfayt, le quartier général du prince de Condé fut porté à Mulheim, à quelques lieues de Bâle. M. Wickham, ministre d'Angleterre en Suisse, vint y trouver S. A., et lui annonça que le colonel Crawfurd résiderait désormais auprès d'elle, en qualité de commissaire britannique.

Ce camp vit une cérémonie imposante. Pour la

seconde fois, le prince eut à remplir le douloureux devoir d'annoncer aux Français fidèles, errant sur la terre de l'étranger, que des hommes indignes de ce nom avaient porté la mort dans le sein de leur roi captif.

L'armée royale sous les armes formant le carré, et l'office divin célébré, le prince de Condé, accompagné des ducs de Berry, de Bourbon et d'Enghien, prononça ce discours :

« Messieurs, à peine les tombeaux de Louis
« XVI, de son auguste compagne et de leur res-
« pectable sœur se sont-ils refermés, que nous les
« voyons se rouvrir, pour réunir à ces illustres
« victimes l'objet le plus intéressant de notre
« amour, de nos espérances et de nos respects ;
« ce jeune rejeton de tant de rois, dont la nais-
« sance seule paraissait annoncer le bonheur de
« ses sujets, puisqu'il était formé du sang de
« Henri IV et de Marie-Thérèse, vient de suc-
« comber sous le poids de ses fers et de sa cruelle
« existence. Ce n'est malheureusement pas la pre-
« mière fois que j'ai eu à vous rappeler qu'il est
« de principe que le roi ne meurt pas en France :
« jurons donc au prince auguste, qui devient au-
« jourd'hui le nôtre, de verser jusqu'à la dernière
« goutte de notre sang pour lui prouver cette fidé-
« lité sans bornes, cette soumission entière, cet
« attachement inaltérable que nous lui devons à
« tant de titres, et dont nos ames sont pénétrées.

« Nos vœux vont se manifester par ce cri qui part
« du cœur, et qu'un sentiment profond a rendu
« si naturel à tous les Français, ce cri qui fut
« toujours le présage comme le résultat de vos
« succès, et que les républicains n'ont jamais en-
« tendu sans stupeur comme sans remords.

« Après avoir invoqué le Dieu des miséricordes
« pour le roi que nous perdons, nous allons prier
« le Dieu des armées de prolonger les jours du
« roi qu'il nous donne, et de raffermir la couronne
« de France sur sa tête, par des victoires, s'il le
« faut, et plus encore, s'il est possible, par le
« repentir de ses sujets, et par l'heureux accord
« de sa clémence et de sa justice.

« Messieurs, le roi Louis XVII est mort : vive
« le roi Louis XVIII ! »

Ce cri de *vive le Roi !* répété par des milliers de voix, retentit jusque dans le camp de ses ennemis, sur l'autre rive du fleuve, et plus d'un républicain, comme venait de le dire le prince de Condé, ne put l'entendre *sans stupeur et sans remords.*

Il n'avait manqué à l'éclat de ce jour que la présence du monarque lui-même. Les bords du Rhin eussent revu les Francs élevant leur roi sur le pavois. Mais Louis XVIII était alors à Vérone : c'est de là qu'il écrivit au prince de Condé cette lettre qui circula bientôt dans l'Europe entière, qui fut lue jusque dans la cabane du pauvre :

« Mon cousin, je suis touché comme je dois

« l'être des sentimens que vous m'exprimez au
« sujet de la perte irréparable que je viens de faire
« en la personne du roi, mon seigneur et mon
« neveu. Si quelque chose peut adoucir ma juste
« et profonde douleur, c'est de la voir partager
« par ceux qui me sont chers à tant de titres. La
« France perd un roi dont les heureuses qualités
« que j'avais vues se développer dans sa plus tendre
« enfance, annonçaient qu'il serait le digne suc-
« cesseur du meilleur des rois.

« Il ne me reste plus qu'à implorer les secours
« de la divine providence, pour qu'elle me rende
« digne de dédommager mes sujets d'un si grand
« malheur. Leur amour est le premier objet de
« mes désirs, et j'espère qu'un jour viendra où,
« après avoir, comme Henri IV, reconquis mon
« royaume, je pourrai comme Louis XII, mériter
« le titre de père de mon peuple.

« Dites aux braves gentilshommes, aux fidèles
« troupes dont je vous ai confié le commandement,
« que l'attachement qu'ils m'expriment par votre
« organe est déjà pour moi l'aurore de ce beau
« jour, et que je compte principalement sur eux
« pour achever de le faire éclore ».

Au milieu de la terreur qui planait sur la
France, la voix du monarque légitime s'était fait
entendre dans tous les cœurs demeurés fidèles à la
vertu. A cette voix auguste, des guerriers sentirent
leur fierté s'indigner de voir les plus vils des mor-

tels leur apporter, jusqu'aux champs mêmes de leur gloire, les ordres d'une assemblée régicide. Humiliés de verser leur sang généreux pour de tels maîtres, une noble inspiration leur révéla que c'était à eux qu'il était réservé de sauver la France et son honneur.

A la tête de ces Français toujours dignes de leur nom, était un général illustré par de beaux faits d'armes, et devenu plus célèbre encore par sa fin déplorable. Pichegru, après avoir conquis la Hollande, était revenu prendre le commandement de l'armée qui, sous ses ordres, dans la campagne précédente, avait rejeté les Autrichiens au delà du Rhin. Huningue avait été son quartier général pendant une partie de l'été : il profita de la proximité où il se trouvait du prince de Condé, pour entamer des négociations avec Son Altesse.

La correspondance était extrêmement active, lorsque l'armée royale eut ordre de se porter dans les environs de Manheim. Ce déplacement de cinquante lieues semblait déconcerter entièrement ses projets, lorsque deux événemens simultanés lui permirent de croire, au contraire, qu'ils étaient favorisés par la fortune. Au moment où de nouvelles dispositions suspendaient sa marche à Bühl, qui n'est éloigné de Strasbourg que de sept lieues, il apprit que le général Pichegru arrivait dans cette place. Le même esprit animait le prince et le sujet fidèle : un plan commun concilia bientôt leurs vues pour la délivrance de la patrie. L'armée royale passait le Rhin : à son aspect, l'armée républicaine arborait la cocarde blanche et proclamait le Roi. Soixante mille Français réunis sous un Bourbon marchaient à l'instant sur Paris aux cris de *vivent Louis XVIII et la Liberté!* Pichegru offrait ses principaux officiers comme ôtages ; le prince n'en voulait pas : c'eût été laisser croire, disait-il, qu'il soupçonnait des guerriers français capables d'un guet-apens. Une condition absolue était la base et la garantie de cette noble réunion : point d'étrangers ! rien que des Français pour sauver la France, était écrit dans le cœur de tous, avant de l'être sur le pacte monarchique qui ralliait les enfans d'une même patrie.

Mais, honoré de l'estime et de la bienveillance personnelle de l'Empereur, le prince de Condé pouvait-il tout à coup abandonner son camp et déserter ses drapeaux ? N'était-il point de la délicatesse d'un chevalier français de respecter, jusqu'au dernier moment la fraternité d'armes qui le liait aux généraux d'un monarque allié de son Roi ? Plein d'une généreuse confiance, il va trouver le comte de Wurmser, qui avait repris le commandement de l'armée autrichienne. Quelle est sa surprise, sa douleur! Le vieux maréchal se montre aussi mal disposé, aussi inflexible, qu'il l'avait été en Alsace, dans l'avant-dernière campagne. Il s'arme des instructions positives de sa cour ; il s'oppose à ce que le corps de Condé passe le Rhin, pour aller planter l'étendart des lis sur l'autre rive. Mais il peut encore y consentir : qu'on livre à l'Autriche, Strasbourg, Neu-Brisach, Huningue ; et, à ce prix, il sera permis aux chevaliers français d'aller combattre pour leur Roi !

Tout fut rompu : la révolution poursuivit son cours sanglant, en attendant le jour où elle irait arborer sa bannière jusque dans la capitale des souverains qui l'avaient épargnée dans son berceau. Pichegru allait être le sauveur de son pays : il ne fut plus qu'un conspirateur aux yeux des hommes qui tenaient la France sous leur joug. Les déserts de la Guyane furent le premier prix dont ils payèrent son dévouement à la cause de ses rois ; et lorsqu'il en sortit pour les servir encore, l'étranger qui avait usurpé leur trône ne sut mettre un terme à sa noble vie que par le cordon de ses bourreaux.

Le prince de Condé, désespéré, se vit réduit à faire répandre au delà du Rhin, la proclamation suivante :

« Les bons Français, repentant de leurs erreurs,
« ou honteux de servir plus long-temps sous les
« drapeaux de la rebellion, sont prevenus

« Que le prince de Condé, commandant le corps
« des Français, fidèles à leur Dieu, à leur roi et à
« l'honneur, les recevra dans ses troupes. Ils y
« seront bien et honorablement traités. Les officiers

« qui voudront venir se joindre à lui seront bien
« accueillis; ils conserveront même leurs grades,
« s'ils arrivent avec un certain nombre d'hommes ».

Un armistice imprévu termina brusquement une campagne, où le corps de Condé, jouet de l'incertitude et victime des contestations politiques, avait vu consumer dans des marches et contre-marches continuelles sur les bords du Rhin, sa belliqueuse impatience et ses forces. Les quartiers d'hiver du prince furent fixés à Bühl.

C'est là que le prince de Condé apprit que MADAME, fille de Louis XVI, ayant enfin été mise en liberté par les bourreaux de sa famille, se rendait à Vienne auprès de l'Empereur, son cousin-germain, qui s'était empressé de lui offrir une asile digne d'elle. A son passage à Bâle, cette jeune princesse trouva une lettre du prince de Condé qui mettait à ses pieds les respectueuses félicitations de l'armée royale sur sa délivrance. Plusieurs cavaliers nobles eurent l'honneur d'être admis en présence de l'auguste fille du Roi martyr. La réponse qu'elle adressa au prince contenait des expressions qui furent répétées avec attendrissement par toutes les bouches :

« Assurez de ma part, lui disait-elle, toute la
« brave noblesse qui est avec vous, des sentimens
« d'amitié, de reconnaissance et d'admiration que
« j'ai pour elle. Des sujets aussi fidèles et aussi
« attachés à leur Roi doivent toujours compter

7.

« sur mes sentimens pour eux. Le nom de Fran-
« çais m'est toujours cher, surtout quand on le
« porte d'une manière aussi digne. »

Cet éloge, si bien mérité par les fidèles compagnons d'armes du prince de Condé, n'était point dû, malheureusement, à tous les individus enrôlés sous ses drapeaux. La plupart des déserteurs qui arrivaient de l'armée républicaine apportaient cette dépravation profonde à l'aide de laquelle les hommes qui se disaient les régénérateurs de la France, étaient parvenus à créer une nation de barbares au centre de l'Europe civilisée. Plusieurs actes d'une impiété monstrueuse avaient effrayé les peuples allemands, et toutes les exhortations des officiers s'étaient trouvées vaines. Convaincu que ce n'était pas assez pour des Français qui aspiraient à l'honneur de combattre pour Dieu et le Roi, que de se montrer courageux sur le champ de bataille, digne descendant de saint Louis, le prince de Condé donna l'ordre suivant :

« Dans un moment où les Français fidèles sont
« armés pour le soutien de l'autel et du trône;
« dans une armée à laquelle se réunit journel-
« lement un nombre d'hommes méritant, sans
« doute, par cette démarche, des soins et des
« égards que leur repentir doit leur assurer, mais
« malheureusement égarés depuis long-temps, ou
« privés dès leur enfance des instructions néces-
« saires pour leur faire connaître l'étendue de

« leurs devoirs, Monseigneur croit essentiel de
« rappeler aux chefs des différens corps les
« moyens qu'ils doivent mettre en usage pour ra-
« mener aux principes les malheureuses victimes
« de l'erreur.

« La valeur ne suffit pas seule pour former le
« bon soldat. Sans la religion, sans le respect
« pour la divinité, il ne peut exister de véritable
« honneur. C'est à les en convaincre que doivent
« tendre principalement tous les efforts de leurs
« chefs et de leurs officiers. C'est pour parvenir
« à ce but, que les ministres de notre religion
« doivent employer les conseils, les exhortations
« et la surveillance la plus suivie; leur patience
« dans cet exercice de leur saint ministère saura
« certainement égaler leur zèle. Monseigneur re-
« commande expressément aux uns et aux autres
« d'employer ces moyens nécessaires.

« Mais si, malgré les instructions, malgré les
« conseils et le bon exemple qu'ils recevront de
« leurs officiers et de la noblesse française, quel-
« ques hommes se livraient encore à des propos
« ou à des actes scandaleux d'impiété ou d'irré-
« ligion, que le devoir de Son Altesse Sérénissime
« est de punir, après avoir tenté de les prévenir
« et de les empêcher, elle ordonne que les cou-
« pables soient arrêtés sur-le-champ, et soient
« remis entre les mains de la prévôté de son
« armée, pour y être punis exemplairement et sé-

« vèrement, suivant l'exigence des cas, et même
« jugés, s'il y a lieu, conformément à la rigueur
« des ordonnances qui prononcent la peine de
« mort contre les sacriléges et les blasphémateurs.

Sans cesse déplacé, le corps de Condé eut ordre de quitter ses cantonnemens pour aller en prendre de nouveaux dans le Brisgaw. Avant de s'éloigner des frontières de l'État de Bade, le prince obtint de cette maison souveraine une réparation semblable à celle qu'il avait reçue précédemment du duc de Wurtemberg. Trompé, sans doute par d'infidèles rapports, le margrave avait porté au général en chef de l'armée autrichienne des plaintes directes contre le corps de Condé. Le prince laissa voir qu'il était justement offensé de cette conduite du margrave. Sans recourir à un éclat indigne de lui, il sut faire sentir que l'infortune ne lui avait rien fait perdre des droits de son sang et de la splendeur de son nom. Le margrave de Bade se montra lui-même assez grand pour reconnaître ses torts. Il chargea le prince héréditaire, son fils, d'exprimer ses regrets au prince français, et de venir sceller leur réconciliation à Rastadt. Elle eut plus d'éclat que n'en avait eu l'offense : les troupes royales se sentirent plus fières que jamais d'obéir au héros qui savait si bien se faire rendre ce qui était dû au double titre de Bourbon et de chef de la noblesse française armée.

Le prince fit éprouver un nouveau mouvement de joie à ses preux, en leur annonçant que désormais la cavalerie serait commandée par le duc de Berry, et l'avant-garde par le duc d'Enghien. Le quartier général, dans les premiers jours du printemps, fut établi à Riegel, non loin des bords du Rhin, à quelques lieues de Fribourg. Le prince y occupa un château appartenant au prince de Schwartzemberg. Il était loin encore de pressentir quel hôte il allait y recevoir.

Tout à coup la nouvelle se répand que le Roi lui-même est arrivé de Vérone au quartier général. L'armée en doutait encore, lorsque ces paroles lui sont adressées de la part de Sa Majesté elle-même (1) :

« Des circonstances impérieuses nous retenaient
« depuis trop long-temps éloigné de vous, lors-
« qu'une insulte aussi imprévue que favorable à
« nos vœux ne nous a plus laissé d'asile : mais on
« ne peut nous ravir celui de l'honneur.

« Le sénat de Venise nous a fait signifier de
« sortir dans le plus court délai des États de sa ré-
« publique. A cette démarche, non moins offen-
« sante pour l'honneur du nom français, que pour
« notre personne même, nous avons répondu :
« Je partirai; mais j'exige deux conditions : la
« première, qu'on me présente le livre d'or où ma

---

(1) 30 avril 1796.

« famille est inscrite, pour en rayer le nom de ma
« main; la seconde, qu'on me rende l'armure
« dont l'amitié de mon aïeul Henri IV a fait pré-
« sent à la république.

« Nous venons nous rallier au drapeau blanc,
« près du héros qui vous commande et que nous
« chérissons tous. Nous nous livrons avec con-
« fiance à l'espoir que notre arrivée sera pour
« vous une nouveau titre aux généreux secours
« que vous avez déjà reçus de leurs majestés impé-
« riale et britannique.

« Notre présence contribuera, sans doute, au-
« tant que votre valeur, à hâter la fin des mal-
« heurs de la France, en montrant à nos sujets
« égarés, encore armés contre nous, la différence
« de leur sort sous les tyrans qui les oppriment,
« avec celui dont jouissent des enfans qui entou-
« rent un bon père. »

Le Roi déclara, en outre, de sa propre bouche, qu'il n'arrivait à l'armée que comme gentilhomme français, et que le commandement, en consé-quence, resterait tout entier dans les mains du prince de Condé.

La vue du Roi fit ce qu'elle a toujours fait sur les cœurs français. Tous oublièrent leurs souf-frances, et demandèrent de nouveaux périls. Mais quinze jours s'étaient à peine écoulés depuis que Louis XVIII se voyait au milieu de la seule famille qui lui restât, lorsque la cour de Vienne manifesta la vive contrariété que lui faisait éprouver l'apparition inattendue d'un Prince, dont le titre seul offusquait son inquiète politique. Elle demanda, elle exigea qu'il s'arrachât au témoignage d'un dévouement qui n'avait pas encore l'aveu de l'Europe. Le Roi répondit que la force seule pourrait l'obliger de quitter le poste où l'honneur l'avait appelé.

On eût dit, en effet, que sa présence était, pour sa fidèle noblesse, le signal de braver de nouveaux hasards. L'armistice qui avait terminé la campagne précédente fut rompu, et tout annonçait que l'armée allait passer le Rhin, lorsqu'un courrier apporta au maréchal de Wurmser l'ordre de détacher une grande partie de ses forces pour voler au secours de l'Italie. Il fallut reprendre la défensive.

Le Roi occupa le château de Mutzingen. Louis XV aussi avait habité ce château en 1744, pendant le siège de Fribourg : Louis XV, sorti de France avec une immense armée pour donner des lois à l'Allemagne : Louis XVIII, trouvant à peine un asile en Allemagne, pour lui et les chevaliers fidèles armés pour replacer sur sa tête la couronne de France. Quelles étonnantes et cruelles vicissitudes avait opérées un demi-siècle dans la fortune de l'aïeul et du petit-fils !

A cette époque même, cependant, une occasion fortuite fit voir que le nom du Roi n'était pas effacé du cœur de tous les Français, entraînés par le torrent révolutionnaire sous les drapeaux des tyrans. Combien de guerriers se sentaient encore émus à ce nom si long-temps sacré pour les héros et les braves de la France ! Le Roi faisait la visite des postes établis le long du Rhin. La largeur seule du fleuve le séparait des républicains. Aux cris de *Vive le Roi !* ils accourent sur la rive : un respect inné se réveille dans leur ame; ils découvrent leur front : un instant on eût pu croire que le Rhin ne voyait sur ses deux bords que des Français fidèles.

On apprit, en ce moment, que les troupes des cercles chargées de la garde du fort de Kehl s'y étaient laissé surprendre. Toute la rive droite se trouvait menacée : le duc d'Enghien s'offrit, sur l'heure, à reprendre ce point important. Les Autrichiens refusèrent de lui laisser acquérir cette gloire : ce refus devait leur coûté cher.

Les républicains débouchent de Kehl au nombre de vingt mille. Bientôt ils sont sur les deux flancs d'Offenbourg : le duc d'Enghien, après avoir défendu le pont de cette ville avec son audace accoutumée, n'a que le temps de le couper, et de se retirer par la vallée de la Kintzig.

Le prince de Condé se voit coupé de son petit-fils, et il est sans moyens d'en avoir des nouvelles. Qu'on juge des anxiétés paternelles auxquelles fut livré son cœur, pendant toute la nuit qui suivit cette journée fatale ; angoisses d'autant plus cruelles, qu'il connaissait mieux la valeur téméraire du jeune prince ! Ce ne fut qu'au lever du soleil qu'il apprit que cette tête si chère était sauvée. Il savait que l'armée entière partageait ses alarmes ; lui-même, d'une voix attendrie, va lui faire partager son bonheur. Des cris de *Vive Condé ! Vive d'Enghien !* s'élèvent de toutes parts. O joie trop imprévoyante ! cœurs Français, vous vous réjouissez de ce que le sang de vos Rois n'a point coulé sur le champ de bataille, et c'est un tyran qui doit s'en abreuver un jour (1) !

Les républicains s'efforçant de profiter de l'immense supériorité de leurs forces pour pénétrer dans le Brisgaw par plusieurs points, l'armée royale était continuellement engagée sur toute sa ligne. Un général autrichien qui ne l'avait pas accoutumée à des témoignages de sa bienveillance (2) ne peut, du moins, lui refuser ceux de son admiration. Il écrit au prince de Condé pour le prier de faire connaître à son corps « toute sa « satisfaction du zèle, de l'énergie et de l'extrême « valeur qu'elle a témoignés en toute occasion, « et surtout depuis huit jours, en soutenant avec

---

(1) Ces détails sont dus à M. le marquis d'Ecquevilly, qui demeura constamment auprès du prince de Condé pendant toute cette nuit.

(2) Le feld-maréchal lieutenant de Frœhlich.

« le plus grand courage les plus excessives fatigues
« et les attaques multipliées ds. l'ennemi ».

Mais que pouvait tant de valeur contre tant de disproportion de forces? Les troupes des cercles lâchant pied sur tous les points, les Autrichiens sans cesse débordés et tournés, que restait-il à faire au corps de Condé, si non de disputer le terrain pied à pied? La présence du roi, si précieuse pour elle en des temps plus heureux, était devenue un sujet d'alarmes continuelles pour ses fidèles serviteurs. A tout instant ils pouvaient s'attendre à être enveloppés et à périr jusqu'au dernier sur le champ de bataille. Vaincu par les instances réitérées du prince de Condé, le roi se détermina enfin à profiter de l'instant, où les chemins étaient encore libres pour se retirer sur Augsbourg. Mais il voulut que ses équipages restassent à l'armée : c'était lui laisser l'espérance de l'y revoir dès que les circonstances le permettraient.

S. M. annonça son départ dans les termes suivans :

« Lorsque je suis venu avec tant d'empresse-
« ment me réunir à vous, dans l'espoir de déli-
« vrer mes malheureux sujets du joug qui les
« opprime, j'étais loin de prévoir que ce moment
« heureux dût être suivi d'une séparation déchi-
« rante. Des motifs impérieux l'exigent aujour-
« d'hui : mais j'ai besoin de toutes les forces de
« mon ame pour m'y déterminer.

« Si quelque chose peut adoucir le sentiment
« douloureux que je ne cesserai d'éprouver jus-
« qu'au moment où je viendrai rejoindre mes
« braves compagnons d'armes, c'est de les laisser
« entre les mains d'un prince de mon sang, dont
« le courage, la constance et le dévouement lui
« ont acquis le droit de me représenter ; et auquel
« je demande comme ami, et ordonne comme
« souverain, de continuer à commander, ainsi
« qu'il l'a fait jusqu'à présent, cette illustre ar-
« mée dont, en ce moment même, la voix de nos
« amis et celle de nos ennemis attestent également
« l'énergie et la fidélité ».

Le Roi n'était encore qu'à quelques lieues de l'armée, dans la petite ville de Dillingen, lorsqu'un assassin, caché dans les ténèbres, lui tira un coup de carabine. S. M. fut blessée au sommet de la tête: mais, le lendemain même, un mot de sa main vint calmer les inquiétudes du prince de Condé et celles de tous les Français fidèles.

Ne pouvant employer les mêmes moyens contre l'armée royale, les émissaires de la république avaient imaginé de répandre dans toute cette partie du théâtre de la guerre les discours et même les écrits les plus injurieux pour son honneur. A les entendre, ces preux chevaliers réunis sous l'étendart des lis n'étaient guidés que par la soif du pillage ; leur passage n'était tracé que par la dévastation et la ruine. Dans plus d'un endroit, les habitans des campagnes fuyaient à l'approche du corps de Condé, ou vengeaient d'avance par des attentats particuliers le mal qu'ils redoutaient de sa part. La discipline et l'humanité de ces nobles phalanges les vengèrent glorieusement, aux yeux de l'Allemagne, de ces lâches calomnies.

Cette arme brisée entre leurs mains, les agens révolutionnaires s'en firent une autre non moins digne d'eux. Ils n'espéraient pas, car le crime, malgré lui, rend toujours hommage à la vertu, d'ébranler la fidélité des nobles compagnons d'armes d'un Condé. Mais ils savaient que, parmi les corps réunis sous le drapeau blanc, se trouvaient quelques troupes soldées. Dans leurs rangs circulent bientôt des billets dans lesquels on promettait aux Français qui abandonneraient la cause royale, non-seulement une amnistie entière, mais encore la restitution de tous leurs biens confisqués. Quelques malheureux se laissèrent éblouir par ces promesses : ils rentrèrent en France, et demandèrent le prix de leur défection. Leurs réclamations importunèrent : on les fusilla.

Perdant chaque jour du terrain, l'armée autrichienne continuait à descendre le Danube. Le corps de Condé qui en formait la gauche, mais toujours à de grands intervalles, après s'être porté du Brisgaw sur le lac de Constance, s'était vu obligé, pour ne point perdre entièrement ses communications, de se replier jusqu'à Mindelheim, à douze lieues d'Augsbourg. Affaibli par des détachemens successifs, le prince n'avait plus que quatre mille hommes sous ses ordres, lorsqu'il reçut l'avis que les républicains, avec des forces plus que triples, marchaient droit sur lui. Il n'avait point de secours à espérer : depuis long-temps, cent exemples lui avaient appris que dans le système des généraux autrichiens, les émigrés français étaient constamment destinés au poste du péril, sans autre assistance que celle de Dieu et de leurs épées.

Un nouveau jour d'épreuve et de gloire les attendait. L'impossibilité de défendre leur position fut reconnue par un conseil de guerre, et dès le lendemain elle allait être attaquée. Deux partis s'offraient : se retirer promptement à la faveur de la nuit; ou prévenir l'ennemi par un coup audacieux. Un fils du grand Condé, commandant des chevaliers français, pouvait-il hésiter ?

L'infanterie noble (c'était la seule qui lui restât) reçoit l'ordre de se porter sur le village d'Ober-Kamlach, centre de la position des républicains. Le duc d'Enghien, à la tête de l'avant-garde, est chargé d'enlever Unter-Kamlach sur la droite, et le comte de Vioménil, Suntheim, sur la gauche.

On marche avant le jour (1) : il est défendu de tirer; tout doit être emporté à la baïonnette. Les premières sentinelles sont surprises; on pénètre

---

(1) 13 août 1796.

dans le village, et des cris indiscrets de *vive le Roi* s'élèvent. Les républicains, avertis du danger, se replient derrière les haies, et cherchent, du moins, à défendre le pont qui fait la communication du village avec le corps d'armée. Des décharges à bout portant n'arrêtent point la vaillante colonne. Elle éprouve la plus opiniâtre résistance : elle en triomphe, et le pont est enfin emporté. Mais de nouveaux obstacles l'attendent : il faut traverser un bois à travers une haie de feux croisés.

L'impétuosité française, signalée dans notre histoire par tant de faits aussi funestes qu'éclatans, allait encore devenir fatale à cette troupe chevaleresque. Avide de nouveaux succès, elle poursuit son ennemi, et ne s'aperçoit pas que bientôt elle sera enveloppée par les bataillons qui arrivent de toute part. Mais son général veillait sur ses dangers; deux fois il lui envoie l'ordre d'une retraite commandée par la prudence : on n'obéit qu'à la seconde, en reconnaissant le nom du prince au bas de cet ordre importun.

Seul, dans toute son armée, il ne se réjouit point de cette victoire : les lauriers en étaient teints du sang de plus de cinq cents gentilshommes. Cette perte était d'autant plus douloureuse, qu'elle ne retarda que d'un jour la retraite des Autrichiens. Débusqués successivement de leurs positions sur la Wertach, le Leck et l'Isère, ils abandonnèrent Augsbourg et continuèrent leur marche rétrograde jusque derrière Munich, dont les Bavarois ne voulurent point leur ouvrir les portes. Couvrant sans cesse leur retraite, le corps de Condé partagea, sans murmurer, leur mauvaise fortune, quoiqu'il eût tout fait pour en mériter une meilleure.

Cependant les défaites successives du général Jourdan, brusquement expulsé de la Franconie et poursuivi jusqu'au Rhin par l'archiduc Charles, changèrent tout à coup la face des affaires. Le général Moreau, qui se flattait, et peut-être non sans raison, de marcher sur Vienne, se vit obligé de songer à sa sûreté. C'est alors qu'il opéra cette belle et savante retraite, qui, aux yeux des connaisseurs, le tira pour jamais de la foule de ces généraux vulgaires enfantés par la révolution, et qui n'avaient qu'une qualité commune à tous les Français : la bravoure.

Le comte de la Tour était un des généraux autrichiens qui suivaient Moreau pas à pas, dans l'espoir de trouver l'occasion favorable de lui porter un coup décisif. Mais l'extrême circonspection de ce général, circonspection justifiée, au reste, en quelque sorte, par la mauvaise composition de ses troupes, donnait quelquefois à Moreau la confiance de reprendre envers lui le rôle d'assaillant.

Telle fut la journée de Biberach (1). Le comte

(1) 2 octobre 1796.

de la Tour, effrayé de voir sa droite dégarnie par suite d'un échec que venait de recevoir le général Kospoth, se hâta de faire un mouvement rétrograde. En peu d'instans, la confusion se mit à un tel point dans ses colonnes, que, filant précipitamment sur les flancs du corps de Condé, elles lui laissèrent le soin de soutenir seul tout l'effort de l'ennemi.

Jamais l'armée royale n'eut un plus pressant besoin d'appeler à son aide toute sa constance et toute sa valeur. Entourée par les Républicains, un moment l'avant-garde, commandée par le duc d'Enghien, se vit coupée du corps principal. Au milieu d'un feu terrible d'artillerie et de mousqueterie, le prince de Condé, avec un sang-froid imperturbable, observait à la fois la retraite des Autrichiens et les mouvemens de l'ennemi. Une science qu'il possédait dans un degré supérieur, comme nous l'avons observé dans le récit de ses premières campagnes, lui fut ici d'un grand secours. Les excellentes positions qu'il fit prendre à son artillerie en rendirent le feu tellement efficace, qu'il contint les Républicains assez long-temps pour permettre aux Autrichiens de sauver leurs canons et leurs bagages. Lorsque tout lui parut être en sûreté, il commença lui-même sa retraite par échelons, et avec un ordre qui contrastait étrangement avec la précipitation tumultueuse de ses alliés.

Pendant toute la durée de l'action, le duc de Berry ne quitta pas un instant le prince de Condé. Au milieu des boulets et des obus qui sifflaient autour de lui, ce jeune prince fit éclater la valeur et le sang-froid d'un ancien guerrier.

C'est ainsi que vingt mille Autrichiens durent leur salut à une faible troupe de chevaliers français. Moreau, bon juge de ce qui venait de se passer, s'écria : « sans cette poignée d'émigrés, j'étais « maître de l'armée autrichienne! » (1)

Le comte de la Tour, du moins, ne fut point ingrat. Au risque de déplaire au conseil aulique de guerre, il ne lui dissimula rien ; et, rappelé par l'archiduc Charles, il écrivit au prince de Condé : « Monseigneur, c'est avec le plus vif regret que je « me vois obligé, par des ordres supérieurs, à « m'éloigner de V. A. S., à qui j'ai voué le plus « grand respect, et que je prie de me conserver « son estime, que j'ai toujours cherché à mériter. « Je la prie également d'être convaincue du désir « que j'avais de continuer la campagne avec son

_____

(1) C'est principalement à cette brillante action que M. Windham, ministre de la guerre, faisait allusion dans un discours au parlement, lorsque des membres de l'opposition lui demandant de quelle utilité pouvait être *cette petite armée de Condé*, il leur répondit : « Allez donc le demander à ces grandes armées autri- « chiennes, que *cette petite armée* a sauvées plus d'une « fois d'une destruction totale! »

8.

« corps, dont on ne peut trop louer la valeur, la
« fermeté et la constance. »

Le corps de Condé se trouva placé de nouveau sous les ordres du général Frœhlich, dont il n'avait pas toujours eu à se louer. La brusquerie et l'arrogance de ses manières donnèrent lieu, cette fois, au prince, de prouver d'une manière éclatante, qu'il ne savait pas moins protéger l'honneur de ses compagnons d'armes, que guider leur vaillance sur le champ de bataille.

Ce général Frœhlich, arrivant à Donaueschingen en même temps que le prince de Condé, s'était cavalièrement établi dans le château des princes de Furstemberg, tandis que Son Altesse occupait une modeste maison. Le prince ne daigna pas même apercevoir ce manque d'égard. Mais, peu d'instans après, on lui remet une note de ce général, qui le prévient qu'ayant reçu des plaintes sur la conduite de son corps, il a donné ordre de fusiller sur-le-champ tout émigré français, noble ou autre, qui serait arrêté par ses patrouilles.

Toutes les infortunes et tous les bouleversemens de la révolution n'avaient pas encore accoutumé le prince à cet excès d'inconvenance et de dureté. Il se lève, et se rend à l'instant chez ce M. de Frœhlich, qui, malheureusement, ne savait pas un mot de français. Il fallut donc se servir d'un interprète pour lui faire sentir toute la distance qui séparait un prince de la maison de France, d'un officier autrichien. La contenance et les gestes de Son Altesse secondèrent si parfaitement l'interprète, que M. de Frœhlich ne sut que balbutier des excuses. L'on ne tarda pas à découvrir que les bruits calomnieux semés contre l'armée royale étaient encore l'ouvrage des émissaires républicains.

Le général Moreau continuait sa marche rétrograde vers le Rhin, mais lentement, et ne négligeant jamais de tirer avantage des positions qu'il rencontrait. La nature du pays les lui rendait presque toutes favorables. Les Autrichiens sentirent néanmoins qu'il était temps de le forcer à précipiter sa retraite; et, comme à l'ordinaire, ce fut encore l'armée de Condé qui reçut cette périlleuse mission.

Tout semblait devoir la faire avorter. Des chemins rendus impraticables par les pluies continuelles, des escarpemens à pic, et les vallées profondes de la forêt noire, le défaut absolu de substances dans un pays où les Républicains avaient soin de tout dévaster derrière eux : tels étaient les obstacles redoublés qu'avait à surmonter une troupe épuisée par tant de fatigues et de combats. Mais son auguste chef ne désespéra point de sa valeur, et sa confiance ne fut pas trompée.

Trois attaques sanglantes livrées en six jours délogèrent les troupes républicaines de positions qu'il leur avait été permis de regarder comme inexpugnables. Les ducs d'Enghien et de Berry rivalisaient d'ardeur. Leur exemple ne fut point perdu : personne n'eût songé à prendre quelque repos avant d'avoir vu l'ennemi rejeté sur l'autre rive du Rhin.

Au milieu de ces pénibles opérations, le prince de Condé éprouva une satisfaction personnelle. L'archiduc Charles, premier auteur des succès qui terminaient une campagne commencée sous de si funestes auspices, arrivait dans le Brisgaw à la tête de son armée victorieuse. Les deux princes se rencontrèrent sous les murs de Fribourg : l'archiduc se montra rempli d'admiration pour la valeur et d'égards pour l'infortune.

Tout se ressentit bientôt de sa présence : la rive droite du Rhin fut entièrement balayée. Les Républicains n'y possédaient plus que la tête du pont d'Huningue et le fort de Kehl. La reprise de ces deux points importans devait faire l'objet de la campagne d'hiver : ils se rendirent l'un et l'autre plus tôt qu'on ne l'espérait.

Le corps de Condé put alors songer à prendre ses quartiers d'hiver (1) : on les lui assigna sur les bords du Rhin, dans cette partie du Brisgaw tant de fois prise, reprise et pillée dans le cours de la campagne précédente. Le prince reçut, à son

———

(1) Février 1797.

quartier général de Mulheim, des dépêches du Roi, qui, enfin, avait trouvé un asile chez le duc de Brunswick, dans la petite ville de Blanckenbourg. S. M. accordait à sa fidèle armée des grades et des croix de Saint-Louis. La lettre qui accompagnait ces grâces, était conçue en ces termes :

« Je cherche à me dédommager, mon cher
« cousin, de l'impossibilité où j'ai été de conti-
« nuer à partager les héroïques travaux de ma
« brave armée, en lui donnant des témoignages
« certains de ma satisfaction, par les grâces que
« je vous charge de lui annoncer. Sa valeur l'a fait
« triompher d'ennemis dignes d'elle, s'ils com-
« battaient pour une meilleure cause. Sa générosité
« a plus fait : elle a vaincu des haines que l'artifice
« le plus profond travaillait depuis long-temps à
« nourrir. Comme roi, comme père, je lui dois
« une égale reconnaissance : généraux, officiers,
« gentilshommes, soldats, tous l'ont méritée.
« Je voudrais pouvoir inspirer à chacun d'eux
« tout ce qu'il m'inspire.

« Je remplis ce vœu en m'adressant à vous :
« vous êtes à la fois leur chef et leur modèle. Je
« ne puis choisir un meilleur organe, ni vous
« donner à vous-même une meilleure preuve de
« l'amitié dont vous savez bien, mon cousin, que
« je suis pénétré pour vous ».

Le prince de Condé, d'après des mouvemens qu'il avait observés sur la rive gauche du Rhin, s'était empressé de prévenir les généraux autrichiens que l'armée républicaine méditait une nouvelle invasion. Cet avis n'obtint pas la plus légère attention de leur part: quelques jours après, quarante mille Français inondaient le Brisgaw ; et l'armée impériale fuyait sur toutes les directions. Les Républicains avaient surpris, à Offenbourg, la chancellerie et tous les bagages du quartier général : ils y trouvèrent des papiers qui compromirent d'une manière cruelle plusieurs habitans de l'Alsace. C'est là, aussi, que le Directoire acquit de nouveaux indices des projets dont Pichegru s'était occupé précédemment pour le rétablissement de la monarchie.

Coupé du centre de l'armée, sans aucune nouvelle du général en chef, le prince de Condé n'avait plus de ressources que dans son courage, lorsqu'au moment le plus inattendu arriva la nouvelle de l'armistice conclu à Léoben, entre l'archiduc Charles et le général Buonaparte. Cette suspension d'armes s'étendit bientôt aux armées du Rhin.

La cour de Vienne négociait sa paix avec le Directoire. L'Angleterre, prévoyant avec raison que le moment allait arriver où elle n'aurait plus aucun intérêt sur le continent, paraissait indécise sur la prolongation des engagemens qu'elle avait pris, de concert avec la cour d'Autriche, relativement à l'entretien du corps de Condé.

Le prince, livré à des inquiétudes qu'il ne connaissait pas quand les chances de la fortune ne menaçaient que lui, ne put les cacher à un monarque puissant avec lequel il entretenait une correspondance régulière. C'était l'Empereur Paul Ier, qui, depuis le voyage qu'il avait fait en France, n'avait cessé de cultiver son amitié, et de s'intéresser à toutes les vicissitudes de son sort.

Dès les premières ouvertures que lui fit le prince, Paul lui dépêcha M. d'Alopæus, son ministre en Saxe. S. A. se hâta de faire part en ces termes, à l'armée royale, des espérances qu'il croyait pouvoir réaliser un jour pour son bonheur :

« S. M. l'Empereur de Russie me fait l'honneur
« de me mander que le Roi de France vient de
« faire auprès de lui une démarche à l'égard de
« cette armée. S. M. I. se flatte que le Roi et moi
« aurons lieu d'être satisfaits des ouvertures que
« son ministre est chargé de me faire en son
« nom.

« L'Empereur de Russie veut bien venir au
« secours de l'armée. Il me fait espérer que, du
« moment où il se chargera d'elle, depuis le lieu-
« tenant général jusqu'au dernier soldat, tous les
« individus qui la composent, conserveront les
« mêmes appointemens et la solde dont ils jouis-
« sent en ce moment.

« On ne saura que par le retour du courrier
« qui va être envoyé en Russie, la nature et l'es-

« pèce des concessions héréditaires et disponibles
« que S. M. I. veut bien promettre à l'armée, en
« accordant à cet effet à la noblesse française les
« mêmes droits dont jouit la noblesse russe ».

Peu de temps après, arriva au quartier général le prince Gortschakow, aide de camp de l'Empereur Paul. Les dépêches dont il était chargé mirent le prince de Condé en état de faire à ses troupes les communications qui suivent :

« S. M. l'Empereur de Russie accorde une exis-
« tence et un asile dans ses États aux officiers,
« gentilshommes et soldats français.

« L'armée se tiendra prête à partir le plus tôt
« possible. Elle marchera dans sa formation ac-
« tuelle, et ne recevra celle qui devra lui être
« donnée qu'à son arrivée dans les États de
« S. M. I. Elle conservera le libre exercice de sa
« religion.

« Tous ceux qui seront compris dans la nouvelle
« formation, conserveront les appointemens dont
« ils jouissent à présent et leur grade dans l'armée
« française.

« Aucune punition quelconque ne sera arbi-
« traire. Les officiers et gentilshomms ne pourront
« être punis que par les arrêts et la radiation des
« rôles.

« Les individus qui désireront se retirer, en ob-
« tiendront la permission sans difficulté, confor-
« mément à l'ordonnance militaire et à la réqui-

« sition de Son Altesse Sérénissime. Ils pourront
« même quitter l'empire de Russie à volonté, ou
« s'établir dans les terres que Sa Majesté impé-
« riale leur accordera. »

On peut juger de l'effet que produisit sur des
cœurs français la proposition de s'éloigner, et
peut-être pour jamais, des frontières de la France.
Mais l'honneur leur disait que partout où un
prince aussi respecté que chéri porterait ses drapeaux, là était la place de ses chevaliers.

Le quartier général était encore à Uberlingen,
sur le lac de Constance, lorsque M. d'Alopæus s'y
rendit pour prendre les derniers arrangemens
avec Son Altesse Sérénissime. Il fut convenu que
l'infanterie serait embarquée sur le Danube, la
jonction de toutes les colonnes devant se faire à
Olmutz. Elles se mirent en marche dans les premiers jours d'octobre (1) sous le commandement
de M. le duc d'Enghien.

Invité par l'Empereur Paul Ier, dans les termes
les plus flatteurs et les plus pressans, à se rendre
directement auprès de sa personne, le prince de
Condé partit, à la même époque, pour Pétersbourg.

Au moment de son départ, il reçut la lettre
suivante de l'Empereur d'Autriche :

---

(1) 1797.

« Monsieur mon cousin, les services importans
« que Votre Altesse et le corps valeureux qui est
« sous ses ordres m'ont rendus pendant la guerre,
« m'ont fait sentir toute la perte que j'allais faire
« par votre retraite. Mais je prends trop de part à
« ce qui vous regarde, pour ne pas approuver la
« résolution que vous avez prise de profiter des
« avantages que Sa Majesté l'Empereur de Russie
« a bien voulu vous offrir. J'éprouve même une
« satisfaction particulière en pensant que tant de
« braves guerriers que vous avez si souvent con-
« duits au champ de l'honneur, trouveront sous
« vos auspices un asile honorable, après leur pé-
« nible et glorieuse carrière.

« Je désire que Votre Altesse veuille bien leur
« témoigner en même temps l'estime qu'ils m'ont
« inspirée, les regrets que j'ai de les perdre, et le
« plaisir que j'aurai toujours, en apprenant
« les événemens heureux qui peuvent les re-
« garder. »

Avant de s'éloigner, le cœur paternel du chef
de ces guerriers éprouvés par tant de travaux et
d'infortunes, l'avertit qu'il avait une dernière
consolation à donner aux plus malheureux. C'é-
tait ceux à qui leurs blessures ne permettaient pas
de suivre leurs compagnons d'armes. On les avait
rassemblés à Biberach, en Souabe. Le prince alla
prendre congé d'eux, s'informa individuellement
de leur situation et de leurs désirs, promit de ne

pas les oublier plus que ceux qui seraient sous ses yeux, et tint religieusement sa parole.

Le prince dirigea sa route par Blanckembourg, où il rendit ses hommages au Roi. Sa Majesté, à cette époque, n'avait aucun sujet de pressentir que bientôt elle quitterait cette petite ville, pour aller aussi chercher un asile en Russie.

Dès la frontière de ce vaste empire, le prince de Condé, trop long-temps accoutumé à la familiarité et quelquefois même à l'arrogance des généraux autrichiens, put observer qu'on lui rendait à peu près les mêmes honneurs qu'on lui eût rendus dans la France royale. Arrivé sur les bords de la Dwina, il y trouva une lettre extrêmement gracieuse de l'Empereur, qui le priait d'accepter des fourrures d'un grand prix.

Un des plus beaux palais de Pétersbourg, le palais de Tauride était préparé pour lui. Il y fut reçu (1) par le maréchal de la cour et l'adjudant-général de l'Empereur. Le prince, en traversant les antichambres, les trouva remplies de valets de pied à sa livrée. Ces attentions délicates se succédèrent sans interruption. Un aide de camp de l'Empereur vint féliciter l'auguste voyageur sur son arrivée, en lui annonçant que Sa Majesté devant le croire fatigué d'une si longue route, ne l'attendait au palais que le lendemain à l'heure

_____

(1) 2 décembre 1797.

du dîner. L'impératrice et les grands-ducs l'envoyèrent complimenter dans la même soirée.

Le prince, ayant témoigné le désir de se rendre à l'église catholique, trouva, pour l'y conduire, une voiture à ses armes, attelée de six chevaux blancs. Deux piqueurs à sa livrée la précédaient, ainsi qu'il est d'usage à Pétersbourg pour les personnes du premier rang. L'Empereur fit dire à S. A. que, l'église étant éloignée de son palais, il donnerait des ordres pour que dorénavant la messe fût célébrée dans son intérieur.

Le prince se rendit au palais impérial : Paul Ier l'y accueillit plus en ami qu'en souverain. Pendant le repas, il lui dit plusieurs fois qu'il ne lui adresserait plus d'invitation particulière, voulant lui laisser la liberté de venir dîner et souper avec lui, en famille, quand il le jugerait à propos.

Les fêtes qui se succédèrent tous les jours ne détournèrent point l'attention du prince de Condé de l'objet principal de son voyage, l'établissement et le bien-être de ses compagnons d'armes. Il s'empressa de les rappeler au souvenir de l'Empereur, en lui demandant auquel de ses ministres il devait s'adresser pour tous les objets de détail concernant son corps : « A moi-même, répondit « Paul, avec beaucoup de grâce. Ces gens-là sont « au désespoir que j'aie pris votre corps à mon « service, et se persuadent que cette dépense ex- « traordinaire peut nuire à leur intérêt personnel.

« Ils élèveraient des difficultés, susciteraient des
« tracasseries qui finiraient peut-être par nous
« brouiller. Mon intention est donc que vous vous
« adressiez à moi directement pour les décisions
« principales, et V. A. règlera les objets de détail
« subséquens avec mon fils Alexandre, qui sera
« chargé de mes ordres à cet effet, ou avec le géné-
« ral Rastopchin (1), chef de mon cabinet, qui
« les recevra également ».

L'affabilité que mettait l'Empereur dans ses
manières, excitait au plus haut point la reconnaissance du prince de Condé. Les yeux observateurs
n'en admirèrent que davantage le discernement et
la mesure avec lesquels il sut concilier ce qu'il
devait à un grand souverain qu'il venait servir,
et ce qu'il devait à son propre sang et à son
nom : une circonstance fortuite en fournit la
preuve.

L'Empereur lui présenta de sa propre main la
décoration de l'ordre de Saint-André. Quelque
sensible que fût le prince à ce nouveau témoignage
d'amitié, il ne put se déterminer à reconnaître la
supériorité d'un ordre étranger sur celui qui dis-
tingue spécialement la maison de France; en conséquence, il voulait placer la plaque de Saint-

---

(1) C'est ce même général qui, depuis, s'est rendu si
célèbre par le sacrifice de Moscou et de ses propriétés particulières au salut de l'empire.

André au-dessous de celle du Saint-Esprit. Paul Ier, de son côté, trouvait qu'il ne convenait pas à la dignité de son ordre d'être placé en seconde ligne. Que l'on songe à la position où se voyait le prince français, et l'on sentira combien cette lutte de préséance était difficile à soutenir. Il fut enfin décidé, par accommodement, que les deux décorations seraient placées sur une même ligne, à côté l'une de l'autre.

Paul Ier, à cette époque, venait d'accepter la grande-maîtrise de l'ordre de Malte. On sait quelle importance extrême il attachait à l'exercice de cette dignité nouvelle. Il conféra le grand-prieuré de Pologne au prince de Condé; c'était réellement de sa part une marque de la plus haute distinction.

Il y en joignit bientôt une autre, et les formes aimables dont elle fut accompagnée, montrèrent que l'Empereur n'avait point oublié la réception brillante qui avait été faite au *Comte du nord* à Chantilly.

Il fit acheter secrètement l'hôtel de Czernitcheff, un des plus beaux et des plus somptueusement meublés de Pétersbourg, fit placer sur la porte principale l'écusson du prince avec l'inscription, *hôtel de Condé*, et envoya inviter le nouveau propriétaire de s'établir dans la résidence qui lui était préparée.

La même délicatesse présida au choix des

drapeaux destinés aux corps Français, qui, en passant au service de Russie, recevaient une nouvelle formation et un nouvel uniforme. Une parade extraordinaire fut indiquée pour le jour de la distribution solennelle de ces drapeaux. L'Empereur, marchant à la tête d'un bataillon de ses gardes, arriva sur la grande place du palais; et, toutes les troupes étant en bataille, il fit prier le prince de Condé d'approcher. Des aides de camp portaient les drapeaux et les étendards : en les remettant au prince, le monarque l'embrassait, et toute la ligne rendait les honneurs militaires.

Au milieu de ces hommages, il était permis à un prince français d'éprouver un serrement de cœur, en songeant que les nouvelles enseignes qu'il allait suivre n'étaient plus celles de Saint-Louis et de Henri IV : que l'on juge de sa douce surprise et de son attendrissement, lorsque le premier coup d'œil jeté sur les drapeaux lui fit apercevoir l'union des armes de France et de Russie! Quatre fleurs de lis décoraient les quatre angles, et, par un raffinement de courtoisie, ceux des régimens de Bourbon et d'Enghien étaient aux couleurs de la maison de Condé (1). L'Empereur fit voir le même jour au prince les uniformes qu'il avait choisis pour son infanterie et sa cava-

(1) Jaune-isabelle et rouge.

lerie. Les corps composés de gentilshommes étaient distingués par des boutonnières en or.

Cependant le prince calculait que ses compagnons d'armes devaient être près d'arriver en Wolhynie. Sachant combien sa présence serait désirée par cette fidèle noblesse, et ne désirant pas moins vivement lui-même d'être son premier consolateur dans ces contrées lointaines, il alla prendre les ordres de l'Empereur, et lui annoncer son départ. Paul, loin d'y consentir, témoigna au prince qu'il lui serait extrêmement agréable de voir son petit-fils, qui n'était encore qu'un enfant à l'époque de son voyage en France.

Deux officiers supérieurs (1) furent expédiés en Wolhynie pour ramener le jeune prince, et dresser en même temps le tableau des régimens dont l'Empereur avait déterminé la composition. Peu de temps après, le duc d'Enghien, malgré l'énormité de la distance qui le séparait de Pétersbourg, avait obéi aux ordres de son aïeul et de l'Empereur (2). Paul Ier lui fit un accueil rempli de bienveillance, et le conduisit aussitôt lui-même chez l'Impératrice.

Au bout d'un mois, le prince de Condé renou-

---

(1) MM. d'Ecquevilly et de la Laurencie.

(2) Le chemin de Pétersbourg à Dubno peut être évalué au double de celui de Pétersbourg à Moscou, c'est-à-dire à plus de 400 lieues.

vela ses instances auprès de l'Empereur. Il en obtint la permission de se rendre auprès de son corps, et le lendemain il partit de Pétersbourg (1) après un séjour de plus de trois mois.

Son quartier général fut établi à Dubno. Conformément aux ordres très-précis de Paul Ier, qui mettait la parade au premier rang des devoirs militaires, le prince la commandait tous les jours lui-même, s'assujettissant à des détails si minutieux, que cette parade ne durait pas moins de trois quarts d'heure. La saison la plus rigoureuse, et même une gelée de vingt-cinq degrés ne dispensait pas de cette cruelle obligation.

Dès que le printemps eut rendu les chemins praticables, le prince se fit un devoir de parcourir tous les cantonnemens, portant partout l'ordre, la discipline et l'encouragement. Il n'ignorait pas que la plupart de ses compagnons d'armes n'avaient pu se voir, d'un œil indifférent, confinés dans ces contrées lointaines. La crainte d'y être oubliés, de perdre insensiblement leur beau nom de Français, produisait chez les uns une mélancolie profonde, chez les autres un désespoir violent toujours prêt à éclater. Le prince eut du moins, à cette époque même, une occasion de leur prouver que la distance n'avait affaibli en rien la bienveillance que

---

(1) 8 mars 1798.

leur portaient le Roi et les princes, objets de leurs regrets; il leur annonça, de leur part expresse, que le mariage de Madame royale avec le duc d'Angoulème venait d'être arrêté.

Tous les corps de l'armée royale, séparés les uns des autres par la distance de leurs cantonnemens respectifs, languissaient dans l'inaction ou dans la pratique de ces menus détails si fastidieux pour des guerriers accoutumés à la vie des camps, lorsque, tout à coup, le prince leur donna l'ordre de se tenir prêts à marcher militairement (1). Le corps de Condé devait joindre la colonne de troupes Russes qui s'assemblaient à Brzecz, sur les frontières de la Gallicie, sous les ordres du prince Galitzin.

Mais les ordres et les contre-ordres se succédèrent si fréquemment, et, ce qui est à peine croyable, le cabinet de Vienne mit tant de mauvaise volonté dans les dispositions nécessaires pour le passage d'un corps qui venait combattre pour lui, que le prince de Condé ne put se mettre en marche et passer le Bug que le 2 juillet. Le duc de Berry commandait la seconde colonne, et le duc d'Enghien la troisième.

Après avoir traversé la Gallicie, la Moravie et la Bohème, le prince de Condé atteignit enfin les

---

(1) 25 janvier 1799.

murs de Prague (1). Une lettre du Roi, qu'il avait reçue pendant cette longue route, lui annonçait la célébration du mariage de MADAME, qui avait eu lieu à Mittau. Il fit mettre à l'ordre le passage suivant de la lettre de S. M.

« Annoncez cette heureuse nouvelle à l'armée :
« elle ne peut paraître que d'un bon augure à vos
« braves compagnons, au moment où ils vont
« rentrer sur vos traces dans la carrière qu'ils ont
« si glorieusement parcourue. Ajoutez-leur de ma
« part que j'ai commencé à retrouver le bonheur ;
« mais qu'il ne sera complet pour moi, que le jour
« où je pourrai me retrouver parmi eux au poste
« où l'honneur m'appelle ».

La réception du prince à Prague et l'entrée de son corps dans cette grande ville contrastent d'une manière trop avantageuse avec les traitemens que cette noble armée et son auguste chef avaient tant de fois éprouvés en Autriche, pour ne pas mériter une attention particulière.

A une lieue de la ville, le prince trouva un général envoyé à sa rencontre pour prendre ses ordres. S. A. était à peine descendue à l'hôtel qui lui avait été préparé, que le commandant général suivi de son état-major vint lui rendre ses devoirs. Par un hasard heureux, c'était le lendemain même la

---

(1) 24 août.

ête de Saint-Louis, fête qui était tout ensemble celle du Roi et celle du prince de Condé. Elle fut célébrée avec pompe ; les principaux habitans furent invités à y prendre part.

Ils se montrèrent extrêmement sensibles à un spectacle, fait, à la vérité, pour exciter l'admiration et l'attendrissement. Le régiment d'infanterie noble se présenta aux barrières pour défiler comme les autres corps. Le prince n'avait réclamé aucune distinction particulière pour cette troupe d'élite, mais un sentiment spontané avertit les autorités et la population des honneurs qui lui étaient dus. Un détachement de cavalerie autrichienne le précédait ; cinquante coups de canon le saluèrent à son entrée, pendant que la multitude faisait retentir l'air de ses acclamations. Les factionnaires reçurent l'ordre de porter les armes à ces soldats gentils-hommes, lors même qu'ils se présenteraient individuellement.

Le général autrichien comte d'Apponcourt ne put contenir son émotion en voyant confondus dans les rangs, des chevaliers, des commandeurs de Saint-Louis et de Malte, des officiers blanchis sous les armes, portant gaiement le sac sur le dos, et sur l'épaule un fusil russe de dix-huit livres. Se tournant vers les officiers de la garnison, qui ne paraissaient pas moins touchés de cet aspect que lui-même : « Eh bien ! messieurs, leur dit-il, « en pareille circonstance en eussions-nous fait

« autant? » Des gestes d'admiration furent leur seule réponse.

Un spectacle aussi extraordinaire devait agir plus vivement encore, s'il est possible, sur un sexe singulièrement sensible à l'éclat de la gloire militaire et d'un dévouement éprouvé par de grandes infortunes. Aussi voyait-on à toutes les fenêtres et jusque sur des gradins élevés dans les rues et les places, des femmes qui, par leurs applaudissemens et leurs acclamations, faisaient éclater l'enthousiasme dont elles étaient saisies.

D'après la route qui leur avait été tracée, les colonnes se dirigèrent par la Bavière et la Souabe sur le lac de Constance. Elles traversèrent ce champ de bataille d'Ober-Kamlach qui, trois ans auparavant, arrosé du sang de la noblesse française, réveillait dans son esprit des souvenirs aussi tristes que glorieux.

Le corps de Condé arriva sur le théâtre de la guerre sous de funestes auspices. Le général Korsakoff, qui ne connaissait, ni le pays, ni l'ennemi, ni ses propres soldats, venait de perdre la bataille de Zurich (1). Les Républicains avaient pénétré jusqu'à Constance.

---

(1) Il a été tant de fois répété en France que c'était Suwarow en personne qui avait été battu à Zurich, par Masséna, que beaucoup de gens dont toute l'érudition se compose de traditions populaires, répètent tous les jours

Malgré les fatigues extraordinaires d'une marche de quatre cents lieues par la saison la plus chaude de l'année, le prince de Condé sentant combien sa présence était nécessaire, accéléra le mouvement de ses colonnes. Selon leur antique usage, elles se virent aussitôt placées au poste de l'honneur et du danger. Elles marchèrent sur Constance : les républicains l'évacuèrent ; mais en garnissant les hauteurs qui dominent la ville, ils firent assez connaître que leur intention était de l'occuper de nouveau, dès qu'il auraient reçu un renfort.

Bientôt, en effet, toutes leurs dispositions pour une attaque furent tellement à découvert, que le prince de Condé put calculer, de son côté, toutes celles qu'il avait à faire. Il se convainquit qu'il lui

---

cette imposture, de la meilleure foi du monde. Nous disons *imposture*, parce que c'est sciemment et à dessein, que les auteurs de cette nouvelle apocryphe l'ont fait circuler. Suwarow venait de faire une brillante campagne en Italie; son nom était redouté : il fallait le *désenchanter*, et de *Korsakoff* les faiseurs de bulletins firent Suwarow. Le jour de la bataille de Zurich (25 septembre 1799) le feld-maréchal était à plus de trente lieues de là, dans le pays des Grisons, et, douze jours après, il y obtint un grand avantage. Rendre hommage à la vérité, comme on l'a déjà dit, n'est point insulter à la valeur française ; tandis qu'il serait honteux pour elle, lorsqu'elle a tant de victoires réelles à rappeler, de se parer des trophées imaginaires érigés par les tyrans révolutionnaires et leurs lâches adulateurs.

faudrait vingt mille hommes d'infanterie pour défendre une aussi mauvaise position; et il n'en avait pas trois mille. Sa cavalerie lui était totalement inutile dans un terrain montueux et resserré.

L'ennemi ne fit qu'une simple démonstration sur la porte qui conduit à Zurich, et qu'occupait la principale force du prince; mais, profitant de l'immense supériorité du nombre, il tourna la ville par sa gauche. Le duc d'Enghien était chargé de la défense de cette partie, et il n'avait que deux bataillons à opposer à une colonne formidable.

Conservant dans cette position critique un sang-froid plus difficile encore à trouver chez un général, que la brillante valeur dont il avait donné tant de preuves, le jeune prince ordonne de couper le pont de Kreslingen, pendant que sa faible troupe épuise jusqu'à sa dernière cartouche. Mais le temps ne permet d'exécuter qu'imparfaitement ses ordres; les républicains pénètrent dans Constance sur ses pas.

Il vole auprès de son aïeul, le prévient qu'il n'a pas un instant à perdre pour regagner le pont de Constance, avant que le passage soit intercepté. Le prince de Condé n'hésite pas; il rentre dans la ville, déjà occupée par l'ennemi, et la traverse au milieu des coups de fusil. Mais, pendant l'action, les républicains se portent en force sur la queue de la colonne, la coupent et parviennent à fermer la porte de Zurich : deux cents chasseurs nobles, et le régiment de Bourbon qui était encore en dehors, se trouvent ainsi entre deux feux.

Leur résolution est bientôt prise, et telle que devaient la prendre des chevaliers français. Sur-le-champ s'engage un combat dont toutes les circonstances sont bizarres. Quelques instans auparavant, ces intrépides compagnons de Condé étaient chargés de défendre Constance; et les voilà qui l'attaquent! Ils enfoncent les portes, se font jour de rue en rue la baïonnette en avant, tandis qu'une grêle de balles fond sur eux de toutes les maisons, de toutes les fenêtres. Rien ne les arrête, et des cris de *Vive le Roi! Vive Condé!* annoncent qu'ils ont rejoint leurs frères d'armes. Ils ne se comptèrent qu'après s'être embrassés : leur rangs étaient bien éclaircis! le brave général de Salgues, immortalisé par la journée de Belheim, était au nombre des morts (1).

Ce ne fut que le lendemain de cette sanglante action, que le prince de Condé reçut une réponse aux dépêches qu'il avait adressées au feld-maréchal Suwarow, pour lui annoncer son arrivée. Le maréchal était à Feldkirck; il mandait au prince qu'il allait marcher pour se rapprocher

---

(1) 7 octobre 1799.

de lui. Sa lettre était terminée par l'expression de la haute estime dont était pénétré le vainqueur des Ottomans et le conquérant de l'Italie, pour le chef auguste de l'intrépide noblesse française.

Le prince de Condé eut bientôt le plaisir de faire la connaissance personnelle d'un homme aussi extraordinaire. Il se rendit à son quartier général de Lindau. Le feld-maréchal fit éclater un véritable enthousiasme pour sa personne. Il le lui prouva par la confidence entière de ses instructions, de ses projets, et surtout de ses peines secrètes.

Il s'expliqua avec tant de franchise et de clarté, qu'il ne laissa plus au prince la possibilité de douter de l'extrême animosité qui régnait entre les Russes et les Autrichiens (1).

L'accord le plus parfait eût été nécessaire pour assurer le succès des opérations : la mésintelligence en arrêta le cours. Les Autrichiens ne donnaient aux Russes aucune des facilités que ceux-ci auraient été en droit d'attendre de leurs alliés ; ils ne leur procuraient aucun moyen de subsistance.

---

(1) Nous croyons devoir prévenir, pour ne laisser aucun doute sur l'authenticité de ces détails, confidentiels d'abord, puis devenus historiques, qu'ils sont empruntés à M. le marquis d'Ecquevilly, qui, pendant tout le cours de cette campagne, comme des précédentes, vécut dans l'intimité du prince de Condé.

L'état de pénurie et de disette dont souffrait l'armée russe était poussé à un tel point, que le plus actif, le plus infatigable de tous le généraux, Suwarow, s'était vu forcer à connaître une fois l'inaction. Déjà il songeait à retirer ses troupes du théâtre de la guerre, puisque cette guerre n'offrait plus, ni avantage pour son souverain, ni gloire pour lui.

Au dégoût des contrariétés sans cesse renaissantes, se joignaient des considérations d'un ordre plus élevé. La cour de Vienne n'avait pas permis le rétablissement des souverains dont Suwarow venait de soustraire les États au joug républicain. Le roi de Sardaigne, par exemple, n'avait pu obtenir la permission de rentrer dans sa capitale : les troupes piémontaises demandaient en vain à prêter serment de fidélité à leur monarque légitime.

Les conséquences naturelles de ce système déplorable ne tardèrent point à se manifester. L'empereur Paul, que les sentimens les plus nobles et les vues les plus désintéressées avaient entraîné dans cette guerre, où il ne se réservait que la gloire de combattre le monstre révolutionnaire, n'avait appris qu'avec une juste indignation la conduite de la cour de Vienne envers son armée. Il ordonna au maréchal Suwarow de la ramener dans ses États. Déjà, de son propre mouvement, il s'était replié jusque sur Augsbourg. Le 30 novembre, il mit ses colonnes en mouvement. Celle du corps de Condé devait le suivre : il expédia un courrier au prince pour lui annoncer que, d'après de nouveaux arrangemens, l'armée russe prendrait ses quartiers d'hiver en Autriche et en Bohême. Bientôt après un contre-ordre de l'Empereur Paul changea ces dispositions; et le maréchal Suwarow, qui s'était arrêté à Prague, se remit en marche pour la Russie.

Le prince de Condé s'apprêtait, en conséquence, à quitter son quartier général de Lintz, pour prendre sa direction par l'Autriche et la Moravie, lorsqu'un courrier vint arrêter ses pas (1). Il lui était expédié par M. Wickam, ministre d'Angleterre en Suisse, qui se trouvait en ce moment à Vienne.

Les corps français ne retournaient qu'avec un chagrin profond dans ces contrées lointaines, où tout semblait attrister leurs regards, offenser leurs habitudes et détruire leurs espérances. Elles se ranimèrent à la seule voix du prince, lorsque, sans leur expliquer ses motifs, il annonça que le séjour en Allemagne serait indéfiniment prolongé.

Depuis trois mois, les ordres et les contre-ordres se succédaient avec une telle rapidité, qu'il eût semblé que le ciel réservât ce nouveau genre d'é-

---

(1) 2 février 1800.

preuve à cette troupe héroïque. On s'y félicitait, du moins, de ne plus s'éloigner du centre de l'Europe, et de conserver l'espoir de se rapprocher des rives de la France: tout à coup, apparaît un courrier russe (1); l'Empereur veut que le corps de Condé suive la marche de son armée; ses anciens établissement en Wolhynie l'attendent.

La consternation s'empare des esprits, mais les colonnes se mettent en mouvement. Il n'y avait pas deux heures qu'elles étaient en marche, lorsqu'elles rencontrent un nouveau courrier (1). Cette fois enfin, les dépêches qu'il apporte sont positives : le corps de Condé cesse entièrement de faire partie de l'armée russe; il passe à la solde de l'Angleterre.

Le prince reprend son quartier général de Lintz: le ministre britannique lui fait connaître une partie des arrangemens qui viennent d'être conclus entre les cours de Londres et de Pétersbourg. Quel esprit eût prévu la nouvelle destinée qui attendait la troupe fidèle, jouet des vicissitudes de la fortune, mais conservant en tout climat son inébranlable constance? Il ne manquait plus à son auguste chef, pour retracer aux yeux du monde le héros qui emportait avec lui les débris et l'espoir d'Ilion, que de

---

(1) 10 mars.
(2) 20 mars.

parcourir les mers (1) ; et déjà l'ordre en est donné. Il allait porter ses pas vers le nord de l'Europe ; il faut qu'il les dirige vers le sud. Une armée se rassemble en Toscane, des vaisseaux sont préparés à Livourne : on médite une expédition secrète sur quelque point de la Méditerranée.

Le prince, en conséquence, à la tête de ses colonnes, traverse l'Autriche, la Styrie, la Carinthie, le Frioul vénitien. Un courrier le rejoint à Pordenone (1) ; la marche est suspendue. Tout a pris une face nouvelle ; Lord Minto, ambassadeur d'Angleterre à la cour de Vienne, mande qu'il ne peut, avant quelques jours, faire savoir à S. A. quelle nouvelle direction il devra suivre.

Le prince ne s'était pas vu dans une aussi grande proximité de Venise, sans éprouver le désir de rendre ses hommages au pape Pie VII, qui venait d'être élu dans cette ville même. Il l'avait envoyé complimenter par un de ses gentilshommes. Le souverain pontife témoigna combien il lui serait agréable de recevoir S. A. et le duc d'Enghien.

Son accueil fut gracieux et paternel. Les troupes autrichiennes, de service auprès de la personne du pape, pour la première fois peut-

---

(1) . . . . . *Multùm ille, et terris jactatus et alto, Vi superum.*

(2) 9 mai 1800.

être, ne se bornèrent pas à rendre aux deux princes les honneurs militaires dus à de simples généraux de leur armée.

Ils étaient encore à Venise, quand de nouvelles dépêches de lord Minto apportèrent l'ordre d'une marche absolument rétrograde. Il fallait que le corps de Condé reprît en sens contraire la route qu'il venait de parcourir, pour remonter jusqu'en Bavière, et rejoindre le général Kray, qui concentrait ses forces sur Ulm.

Une joie inattendue vint embellir cette route si triste : le duc d'Angoulême rejoignit l'armée à Pontéba, et prit aussitôt le commandement du régiment noble à cheval.

Le prince de Condé, revenu en Allemagne, établit d'abord son quartier général à Saltzbourg : mais la confusion extrême qui régnait dans tous les mouvemens de l'armée autrichienne, le força bientôt à des déplacemens continuels. La lettre suivante que le prince archevêque de Saltzbourg écrivit à S. A., en apprenant qu'il s'éloignait, fait voir combien étaient fondées les rumeurs alarmantes que semaient de toute part les émissaires jacobins sur l'indiscipline du corps de Condé :

« Mon prince,

« Ce n'est pas en mon nom seul, mais au nom
« de tous mes sujets, que j'ai l'honneur de vous
« adresser ces deux lignes, pour vous exprimer

« notre reconnaissance et nos très-sincères remer-
« cimens pour l'ordre et la bonne discipline que
« vous avez fait observer par le corps sous vos
« ordres, digne du respectable nom de Condé,
« sans en excepter aucun. Agréez les sentimens
« d'un cœur pénétré des bontés et de l'amitié
« que V. A. lui a témoignées ».

Le long armistice et les négociations de paix qui
avaient suivi la bataille de Marengo, furent rompus
tout à coup. Le quartier général du prince de
Condé, à cette époque (1), était à Rosenheim, sur
l'Inn, non loin des frontières du Tyrol. Tout reprit
une attitude guerrière : le duc de Berry, parti
d'Italie au premier avis de la reprise des hostilités,
vint déclarer au duc d'Angoulême qu'il voulait
servir comme volontaire dans son régiment noble
à cheval.

L'armée n'attendait plus que le signal des combats, lorsqu'elle apprit la conclusion d'une nouvelle suspension d'armes, achetée par l'Autriche,
au prix de la cession de trois places : Ulm, In-
golstadt et Philipsbourg.

C'est au moment de cette pénible incertitude
sur sa situation et sa destinée, que le corps de
Condé vit rentrer dans son sein le dépôt de vieil-
lards et d'infirmes qu'il avait laissé en Wolhynie.

---

(1) 1er septembre 1800.

Ces infortunés étaient en marche depuis plus de trois mois.

Le prince reçut tout à coup l'avis de la reprise des hostilités, et vit arriver en même temps un corps de troupes de Wurtemberg, que l'on mettait sous ses ordres. Mais, à peine quelques affaires de tirailleurs s'étaient-elles engagées sur le bord de l'Inn, que déjà la bataille de Hohenlinden (1) avait décidé du sort de cette campagne d'hiver.

Le désordre et le découragement se répandirent bientôt dans l'armée autrichienne, à un point dont il y a peu d'exemples dans l'histoire militaire. Les officiers allemands rendirent alors l'hommage le moins recherché, mais le plus éclatant à la constance inébranlable des émigrés français. Quelques-uns leur disaient : « Prenez nos soldats, et employez les comme vous le jugerez à propos. » Et, sans attendre de réponse, ils disparaissaient.

Au milieu de cette confusion, le prince, apprenant que l'archiduc Jean n'était éloigné que de quelques lieues, se hâta de savoir de sa bouche même ce qu'il lui était impossible de connaître par toute autre voie. L'archiduc le pria de se porter le plus promptement possible à Rothman en Styrie, pour défendre les gorges qui couvrent la route de Vienne.

---

(1) 5 décembre 1800.

Mais l'armée autrichienne perdant chaque jour du terrain, le corps de Condé, qui n'avait plus ses communications libres avec l'archiduc, se trouvait chaque jour débordé sur sa droite, et obligé de prendre des positions en arrière, pour se tenir du moins en ligne. C'est ainsi que, trois semaines après la bataille de Hohenlinden, le prince avait son quartier général à Léoben. Au moment où il y fit son entrée, trois cents officiers républicains prisonniers, que l'on conduisait à Gratz, étaient rassemblés dans les rues de cette petite ville. Ils firent voir que le nom de Condé n'avait pas encore perdu sa puissance sur le militaire français : ils saluèrent le prince avec tous les témoignages d'un respect sincère.

Léoben fut le théâtre d'un petit événement beaucoup plus extraordinaire. Tout le monde ayant perdu la tête à l'état-major autrichien, personne n'avait songé à faire avertir le prince de Condé que son quartier général se trouvait compris en dehors de la ligne de démarcation qui venait d'être tirée. Ce fut un général républicain qui lui en donna le premier avis. Un détachement de hussards qu'il avait envoyés pour faire le logement, entra dans Léoben, avant que les émigrés ne l'eussent évacué. Ils se mirent paisiblement en bataille sur la place, et ils y restèrent jusqu'à ce que tous les régimens

---

(1) 20 décembre 1820.

du corps de Condé eussent traversé la ville, sans que cette cohabitation momentanée de la monarchie et de la république eût produit la plus légère discussion.

La cour de Vienne n'avait obtenu l'armistice signé à Steyer (1) que par les sacrifices les plus humilians. Les motifs qui avaient pu l'y déterminer n'étaient cependant point inexplicables. La terreur et la déroute avaient désorganisé son armée : toutes les ressources lui manquaient à la fois ; l'inflexible nécessité commandait. Mais était-il aussi facile alors de comprendre quel bras invisible retenait Moreau dans sa marche victorieuse ? Le temps a suffisamment expliqué ce mystère : l'homme qui, depuis, punit si cruellement Moreau de s'être acquis une réputation militaire au moins égale à la sienne, ne vit pas, sans éprouver toutes les fureurs de l'envie, que la prise de Vienne, couronnant la journée de Hohenlinden, allait faire pâlir la victoire de Marengo. Il arrêta, aux portes mêmes de la capitale de l'Autriche, un rival dont déjà peut-être il avait juré la perte dans son cœur. Les hautes considérations de la politique servirent à voiler les mouvemens de la plus basse des passions.

Après tant de fatigues, le corps de Condé pouvait espérer de trouver quelque repos dans la Styrie, où ses cantonnemens venaient de lui être

---

(1) 20 décembre 1800.

assignés. Mais le commandant de cette province était le général Mélas. Encore tout confus, moins de sa défaite que de son infâme capitulation de Marengo, il ne pouvait entendre le nom de Français sans une sorte de frémissement : l'approche d'un corps républicain ne l'eût peut-être pas plus effarouché que celle du corps de Condé. Oubliant tout égard et tout devoir, il osa opposer des difficultés aux ordres de la cour. Les troupes autrichiennes, qui évacuaient le Tyrol, lui fournirent de nouveaux prétextes pour disputer le terrain à celles qui s'étaient présentées sous les ordres du prince de Condé; et il fallut qu'elles allassent chercher des cantonnemens, ou plutôt un asile, sur les frontières de la Croatie.(1).

Ce fut là que le prince reçut du ministre anglais qui était à Vienne (2), des dépêches de la nature la plus importante. Il se hâta d'en donner connaissance à ses fidèles compagnons d'armes.

Convaincu que les désastres de la maison d'Autriche allaient mettre un terme à la guerre continentale, l'Angleterre croyait devoir changer totalement l'organisation du corps de Condé, qui, depuis un an, se trouvait à sa solde. Son ministre avait donc l'ordre de démonter toute la cavalerie et de vendre les chevaux.

---

(1) Janvier 1801.
(2) M. Vickam.

Le dernier article des dépêches de l'envoyé britannique était plus remarquable encore : « Ceux
« d'entre les officiers et gentilshommes, mandait-
« il, qui auraient de la répugnance à suivre le
« corps *à sa nouvelle destination*, recevront,
« suivant leur grade, six ou huit mois de gratifi-
« cation, l'intention de S. M. B. étant qu'aucun
« des officiers ou gentilshommes appartenant au
« corps ne suive sa destination à contre-cœur, sur-
« tout dans un moment où *les circonstances*
« *rendent un embarquement plus que pro-*
« *bable.* »

Ce peu de paroles suffisait pour alarmer la tendre affection que le prince portait à tous les individus rassemblés sous ses drapeaux ; mais il n'en éprouva que plus vivement le besoin d'être éclairé plus positivement sur leur sort, et il pressa le ministre anglais de s'expliquer.

M. Wickam, dans une réponse conçue avec toute l'ambiguïté diplomatique, ne confirma que trop néanmoins les tristes conjectures qui s'étaient élevées dans tous les esprits. On peut en juger par les lignes suivantes :

« Je ne suis point autorisé à dire quelle doit
« être la destination du corps. Les circonstances
« du moment ne permettent cependant pas de
« douter qu'il ne doive être embarqué sur la Mé-
« diterranée, et employé aux expéditions qui
« pourraient avoir lieu dans cette mer. D'après ce

« que je puis conjecturer des instructions de ma
« cour, *l'Egypte est un des points où les services*
« *du corps pourraient être exigés.* »

Tous les doutes étaient éclaircis, et ils le furent bien plus encore lorsque le prince de Condé, agissant comme il l'avait toujours fait, plus en père qu'en chef de la noblesse, lui eut confié ses résolutions personnelles. Il était décidé à ne prendre aucune part à une expédition maritime.

Était-il convenable en effet, était-il possible, comme l'a dit un de ces plus nobles chevaliers (1), qu'un prince de la maison de France, un prince vénéré de l'Europe entière, renonçât tout à coup au souvenir de ses aïeux et au soin de sa propre gloire? que, descendant au rôle d'aventurier, il allât, à soixante-cinq ans, courir les mers et les hasards avec la noblesse française, pour le soutien d'une cause absolument étrangère à celle qui lui avait mis les armes à la main ?

Le quartier général n'offrait plus qu'un aspect déchirant. Le moment où tant de preux chevaliers s'étaient, pour la première fois, arrachés à leur patrie et à leurs affections, celui où ils avaient dû chercher en Russie un nouveau ciel et un nouveau maître, avaient moins coûté à leur cœur. En paraissant devant le chef auguste qui tant de fois les avait conduits au champ d'honneur, qui tant de fois

---

(1) M. le marquis d'Ecquevilly. (*Campagnes du corps de Condé.*).

s'était associé à leurs peines et à leurs espérances ; en songeant que c'était peut-être le dernier jour qu'il leur serait donné de le voir, un saisissement involontaire s'emparait de leur ame, de nobles pleurs coulaient de leurs yeux.

Les ordres de l'Angleterre n'avaient daigné faire aucune mention des troupes soldées qui faisaient partie de l'armée du prince. Regardant ces hommes comme sa propriété, le ministère britannique ne semblait douter nullement de son droit de les transporter sur tous les points du globe, de les assujettir à tous les chefs qu'il lui plairait de leur donner. Mais ces généreux soldats étaient des Français, des Français qui s'honoraient de porter dans leur cœur les mêmes sentimens que les officiers auxquels ils étaient fiers d'obéir. Tous s'écriaient, avec l'accent du désespoir, qu'ils suivraient leurs princes au bout de l'univers ; et tous protestaient qu'ils ne se laisseraient point vendre à des maîtres étrangers. Le prince n'entendait que trop bien ce langage : il ne pouvait ni l'approuver ni le blâmer : sa situation était cruelle.

Un commissaire anglais se rendit à son quartier général. Il demanda l'état des hommes qui se résignaient à suivre les drapeaux britanniques : ils étaient vingt-huit !

Le destin qui frappait les émigrés semblait avoir choisi le même instant pour étendre ses coups sur la personne même du monarque qui partageait leur exil. Le commissaire anglais arrivait au quartier général quand les ducs d'Angoulême et de Berry en partirent ; le premier pour aller rejoindre le Roi à Varsovie ; le second, pour conduire son auguste frère jusqu'à Vienne. Sur un simple mot de l'empereur Paul Ier, Louis XVIII s'était vu obligé de quitter, dans les vingt-quatre heures, l'asile qu'il lui avait offert à Mittau avec une hospitalité toute royale. Tel était le premier gage de l'alliance étroite que Paul venait de contracter avec le Corse, qui déjà avait usurpé le trône de France, sous le titre de premier consul.

On ne sait si le gouvernement britannique crut adoucir la profonde douleur du prince de Condé, en lui abandonnant la propriété de tous les chevaux, effets d'équipement, armes, qui restaient sans emploi. Mais S. A. n'eut pas plutôt connaissance de cette disposition, qu'elle s'empressa d'annoncer que tous ces objets seraient à l'instant mis en vente, et que le produit en serait distribué à chaque corps par les mains de son chef.

Le jour de cette distribution arrivé, il s'éleva une réclamation d'un genre imprévu. Des députations de chaque arme se présentent devant le duc de Berry : elles viennent demander que les sommes qu'on s'apprête à distribuer, soient envoyées à cent gardes du corps qui suivaient partout la fortune du Roi. Presque tous âgés et couverts d'honorables blessures, ces officiers avaient été placés par l'empereur Paul lui-même auprès du roi de France; et c'était lui qui, au milieu des rigueurs de l'hiver, les renvoyait sans aucun moyen de subsistance: Il fallut que le duc de Berry employât les instances, et presque son autorité, pour que ces généreux Condéens consentissent à se laisser admettre au partage. Trente mille francs furent envoyés aux gardes du corps.

Toutes les opérations relatives à la dissolution totale étant terminées, le prince annonça son intention de passer en Angleterre, où la cour lui avait fait offrir un asile digne de lui. Les ordres de son départ étaient déjà donnés, lorsqu'il reçut de l'Empereur même l'invitation la plus bienveillante de se rendre d'abord à Vienne.

Le moment en était venu : elle eut lieu, enfin, cette séparation, si cruelle pour l'auguste chef comme pour le dernier de ses soldats, quoiqu'elle fût prévue depuis long-temps. Le duc d'Enghien, qui accompagna son aïeul à Vienne, revint en Styrie peu de jours après. La troupe fidèle n'apprit pas, sans un mouvement d'orgueil et de joie, que son général avait repris enfin à la cour d'Autriche le rang qui lui était dû partout. Comme si l'Empereur et toute la famille impériale eussent voulu faire oublier au prince tout ce qui, dans sa carrière militaire, avait pu offenser sa fierté ou blesser son cœur, les mêmes honneurs, les mêmes attentions lui furent prodigués que s'il n'avait dû quitter cette cour que pour retourner à celle de Versailles.

Il quitta Vienne après un séjour d'une semaine, pour se rendre, par Prague, Dresde et Hambourg, à Cuxhaven, où une frégate anglaise devait se trouver pour le transporter en Angleterre.

Ce fut le 27 juin 1801 que le prince de Condé quitta le continent, où, depuis neuf ans, il avait bravé tant de difficultés, soutenu tant de combats, pour la plus belle et la plus noble des causes. Sa traversée fut longue et pénible. Il aborda à Yarmouth, et se rendit aussitôt à Londres, sans avoir aucune donnée positive sur le sort que lui réservait le cabinet britannique.

Il était, au reste, beaucoup plus occupé d'adoucir l'infortune des fidèles compagnons d'armes dont l'Angleterre seule daignait encore conserver quelque souvenir. Une correspondance très-volumineuse, qui existe encore, fournit mille fois la preuve que, sans oublier ce qui était dû à son sang, ce prince vénéré descendait au rôle de solliciteur, dès qu'il pouvait se flatter d'essuyer une larme. Trop heureux encore, si le succès eût toujours répondu à son active bienveillance. Mais, comme il en a fait lui-même l'observation, combien son cœur eut souvent à souffrir, moins de la mauvaise volonté des ministres anglais, que de la lenteur méthodique des formes établies ! Sa généreuse impatience ne pouvait se plier à ces délais. Il avait laissé en Allemagne des hommes depuis long-temps honorés de sa confiance : il leur en donna de nouvelles preuves en les chargeant de rechercher les plus malheureux parmi les Français expatriés, et de soulager leurs maux. Mais la source de ces bienfaits devait être cachée : quel surcroît de valeur n'eussent-ils pas acquis aux yeux de ceux qui en étaient l'objet, s'il leur eût été donné de savoir que le prince chéri, séparé d'eux par de si grands espaces et par les mers, avait les yeux toujours ouverts sur les anciens compagnons de ses périls et de sa gloire ?

Le séjour de l'Angleterre avait, du moins, rendu au prince de Condé une double jouissance dont il était privé depuis long-temps : celle de revoir le duc de Bourbon son fils, et Monsieur, comte d'Artois, auquel il avait voué une affection fondée sur l'estime qu'il portait au caractère de ce prince. Le plaisir qu'il goûtait dans cette réunion fut de peu de durée : des considérations politiques déterminèrent Monsieur à se fixer à Edimbourg. Londres, de ce moment, offrit beaucoup moins d'attraits au prince de Condé. Bientôt, il le quitta lui-même, pour aller s'établir à Wanstead, dans le comté d'Essex, et à une grande proximité de Londres. Il lui paraissait trop au-dessous de sa dignité de courir les risques de rencontrer à la cour l'envoyé de la république française.

Mais quelque horreur qu'il portât à ce gourvernement monstrueux, quelque haine que, dès lors, il lui fût permis d'entretenir contre l'étranger, qui, sous le nom fallacieux de consul, déjà s'était assis sur le trône de nos rois, son courage chevaleresque ne connaissait que de légitimes combats et des armes loyales. Un homme, qui se prétendait dévoué à la cause royale, se présente un jour chez le prince. Il lui expose qu'il a un moyen sûr de délivrer les Bourbons de leur plus cruel ennemi : ce moyen c'est l'assassinat, et celui qui le propose offre son bras. Un cri d'indignation est la seule réponse du noble prince : il repousse ce zèle aveugle et coupable; il arrache au poignard de l'assassin le corse barbare, qui, deux ans après, devait lui-même, par le plus lâche assassinat, lui ravir un petit-fils, l'orgueil et l'espoir de sa vieillesse (1) !

Mais déjà son cœur paternel en éprouvait l'affreux pressentiment. Magnanimité digne d'un Bourbon ! au moment même où il respectait les jours de Buonaparte, il écrivait au duc d'Enghien

---

(1) On trouve les détails de ce fait dans une lettre du prince de Condé à Monsieur, qui fit éclater la même horreur pour cette proposition. Cette lettre fait partie des pièces justificatives qui accompagnent ce volume.

qu'il ne le voyait pas sans peine si près des frontières de France ; il lui recommandait de *prendre garde à Buonaparte, qui pouvait le faire enlever* (1).

Impatient du repos, le jeune prince élevé dans les camps, éprouvait le désir de rentrer dans la carrière de la gloire. Il cherchait des yeux à quelle puissance il offrirait son bras, et il consulta son aïeul sur le choix. Par des motifs qu'on ne saurait trop louer, mais en même temps, par une fatalité qu'on ne saurait trop déplorer, le prince décida qu'il ne convenait pas à un descendant de Saint-Louis de se ranger sous des bannières étrangères. Le duc d'Enghien resta sur les bords du Rhin : la France et l'Europe ont su le reste !

Ce n'est pas avec des mots que l'on peut espérer de rendre la douleur dont, à cette horrible nouvelle, fut pénétré l'auguste vieillard. C'est aux cœurs des pères qu'il appartient de l'apprécier. Ils en reconnaîtront l'empreinte inimitable dans quelques lignes tracées par la main même du prince :

« Je ne sais comment l'excès de mon malheur
« (car il est au comblé) ne m'a pas fait suivre de
« près ce tendre et précieux objet de toutes mes
« affections ; mais ma triste santé a résisté malheu-

---

(1) Ces lettres, malheureusement trop prophétiques, se trouvent au nombre des pièces justificatives.

« reusement à cette cruelle plaie de mon cœur.
« J'espère, au reste, que ma douloureuse exis-
« tence en sera fort abrégée; mais le peu de
« force que mon âge me laisse encore sera tou-
« jours au service de mon Roi......(1).

Les soins d'un fils dont il appréciait vivement la tendresse (2), la société pleine de charmes d'une princesse qu'il distinguait depuis long-temps, et à laquelle il avait donné sa main (3), purent adoucir, mais jamais éteindre au fond de son ame, des regrets qui ne devaient finir qu'avec sa vie. Elle était trop avancée et trop flétrie par la douleur, lorsque la monarchie se releva, pour qu'il fût donné à son cœur de jouir, dans toute sa plénitude, d'un bonheur que tant de fois il eût voulu payer de tout son sang.

Lorsque le Roi rentra dans sa capitale, les Français, en retrouvant leurs anciens sentimens, n'aperçurent pas, sans un redoublement de joie, l'auguste vieillard à côté de leur souverain. Déjà, au moment où il débarquait à Calais, un des chefs de l'armée lui avait dit : « Monseigneur, les mili-
« taires vous reverront avec joie : vous leur avez

---

(1) Lettre du prince de Condé au marquis d'Ecquevilly.

(2) On lit dans des lettres du prince de Condé au duc d'Enghien : « Ecrivez à votre père ou à moi, comme vous
« voudrez ; *nous ne faisons qu'un.* »

(3) La princesse douairière de Monaco.

« donné de grands exemples et de belles le-
« çons. »

Le prince de Condé ne retrouva que des ruines dans ce superbe Chantilly, jadis l'admiration de l'Europe, et il n'en témoigna aucune douleur: mais il revit ses anciens serviteurs, et il se montra sensible au plaisir de les retrouver. C'est ainsi qu'il se montra moins flatté de reprendre ses anciens titres de grand-maître de la maison du Roi et de colonel-général de l'infanterie, que de recevoir de la vénération publique celui de protecteur de l'association paternelle des chevaliers de Saint-Louis. Il semblait que ce cœur, nourri de tant de gloire, n'éprouvât plus d'émotion que pour le bien.

Après tant d'orages, les douceurs de la retraite paraissaient assurées à sa noble vieillesse; mais sa tête octogénaire devait encore aller chercher un abri sous un ciel étranger. L'affreux 20 mars ramena en France l'assassin du duc d'Enghien; l'aïeul de sa victime ne pouvait plus habiter les mêmes lieux. Il suivit les pas du Roi, que sa main défaillante eût encore voulu défendre. Mais son ame n'avait rien perdu de son ardeur. A l'idée de l'usurpation triomphante, elle éclatait dans ses yeux et dans ses discours: elle se communiquait aux Français fidèles qui partout se pressaient autour de lui (1). Il ne désirait voir prolonger ses

---

(1) A Bruxelles et à Gand, les émigrés de cette seconde

jours, que pour être témoin de la chute du tyran de la France. Cette joie lui fut donnée; mais, consterné de tous les parjures, de tous les crimes auxquels cent jours d'opprobre avaient donné naissance, révolté du débordement des doctrines impies et séditieuses, l'auguste vieillard n'aspirait plus qu'à la retraite. Il la choisit dans ce Chantilly dont les nobles ruines attestaient plus encore la grandeur de ses aïeux que les fureurs des ennemis de sa maison et de la France.

Il ne sortait de ce modeste asile que pour venir repaître quelquefois ses yeux de l'aspect de ce Roi pour lequel il avait combattu, de cette auguste princesse qui lui retraçait de si grands souvenirs.

époque ne firent pas éclater moins de respect que ceux de la première, pour le héros qui, tant de fois, avait guidé la noblesse française au champ d'honneur. Parmi les nombreux hommages qui lui furent rendus, nous citerons la jolie pièce de vers suivante, que M. le baron de Brichambault, colonel au corps royal du génie, eut l'honneur de lui présenter à Bruxelles, au mois de mai 1815 :

> Dans un groupe attentif, un loyal militaire
> Célébrait nos Bourbons, exaltait notre Roi ;
> Et d'un héros français, du vainqueur de Rocroi,
> Se plaisait à vanter la gloire héréditaire.
> Un sot l'interrompit, et, d'un ton décidé :
> « Quelle est, s'écria-t-il, la branche de Condé ? »
> On siffle l'ignorant, et chacun le regarde :
> « Quoi ! dit, en le toisant, un brave grenadier ;
> « Tu ne combattis donc jamais à l'avant-garde ?
> « Cette branche est, morbleu, la branche de laurier ! »

C'est dans une de ces apparitions à la cour, que le prince se sentit frappé de la maladie qui devait terminer sa longue et glorieuse carrière. Sur son lit de mort, intrépide et calme comme sur le champ de bataille, c'est lui qui console ses serviteurs éplorés. Au moment où ses lèvres vont se fermer pour jamais, un cri s'en échappe pour proclamer les deux grandes pensées de son cœur : Dieu et la gloire (1).

Étant encore en Angleterre, plusieurs années avant la restauration, le prince de Condé avait fait son testament. On y lit ces mots : « quelque ho-
« norable qu'il soit sans doute d'être enterré à
« Westminster, je n'ai point cette ambition ; je
« demande, au contraire, très-positivement à
« l'être parmi les Français émigrés, fidèles à leur
« Dieu et à leur Roi ».

En émettant ce vœu si touchant, qu'il était loin de prévoir que, réservant à ses cendres un asile plus digne d'elles, la Providence avait marqué leur place à côté de celles des Rois issus, comme lui, du sang de saint Louis ? (2).

---

(1) Dans un instant de délire, le prince s'écria en latin, langue qui lui était très-familière, *ubi est bellum?* et son dernier mot a été : *Credo in Deum.* — Il expira le 13 mai 1818, âgé de 81 ans et 9 mois.

(2) Le prince de Condé a laissé deux enfans : Monseigneur le duc de Bourbon, noble compagnon de sa gloire et de ses infortunes, et Madame la princesse

Louise-Adélaïde de Bourbon-Condé. Nommée, plusieurs années avant la révolution, abbesse du célèbre chapitre de Remiremont, cette princesse sortit de France, en 1789, avec le prince son père, et résida successivement en Allemagne, en Italie et en Russie. S. A. S. était à Turin, lorsque, sentant redoubler en elle la vocation religieuse, elle adressa au Roi Louis XVIII la lettre qui suit :

Lettre de S. A. S. Madame la Princesse Louise de Bourbon-Condé, au Roi.

SIRE,

« Ce n'est pas au moment où je vais avoir l'inappréciable
« bonheur de me consacrer à mon Dieu, que j'oublierai
« pour la première fois ce que je dois à mon Roi. Appelée
« depuis long-temps à l'état religieux, je suis venue à Turin,
« où les bontés et l'ancienne amitié de madame la princesse
« de Piémont m'ont procuré des facilités pour exécuter mes
« projets, projets mûrement examinés et réfléchis. Mais,
« avant leur entier accomplissement, je supplie V. M. de
« vouloir bien y donner son agrément. Je le lui demande
« avec d'autant plus de confiance, que j'ai la certitude
« qu'il ne me sera point refusé, et que votre religion,
« Sire, vous fera même trouver de la consolation à voir une
« princesse de votre sang se revêtir des livrées de Jésus-Christ.
« Puisse le Dieu dont j'éprouve d'une manière si insigne
« l'infinie miséricorde, exaucer les vœux que je formerai
« constamment pour le rétablissement de l'autel et du trône
« dans ma malheureuse patrie ! Ils seront aussi sincères que
« les efforts de mes parens seront soutenus pour le même
« objet. Le désir du bonheur personnel de votre Majesté est
« également dans mon cœur : j'ose la supplier de daigner en
« être persuadé.

Je suis avec un profond respect, etc.

Turin, novembre 1795.

Réponse du Roi.

Vérone, le 1ᵉʳ décembre 1795.

« Vous avez mûrement réfléchi, ma chère cousine, sur
« le parti que vous avez pris. Votre père y a donné son con-
« sentement, j'y donne aussi le mien, ou plutôt je cède
« à la providence qui exige de moi ce sacrifice. Il est
« grand, je ne vous le dissimule pas ; et ce n'est qu'avec un
« regret extrême que je perds l'espérance de vous voir, un
« jour, être par vos vertus l'exemple de ma cour et l'édi-
« fication de tous mes sujets. Je n'ai qu'une consolation ;
« c'est de penser que, tandis que la valeur et les talens de
« vos parens les plus proches m'aideront à relever les autels
« de Dieu et le Trône de saint Louis, vos prières attireront
« les bénédictions du Très-Haut sur ma cause qui est aussi la
« sienne, et ensuite sur tout mon règne. Je m'y recommande
« donc, et je vous prie, ma chère cousine, d'être bien per-
« suadée de toute mon amitié pour vous.

Signé LOUIS.

Madame la princesse Louise de Condé habite présente-
ment l'ancien palais du Temple, en qualité de supérieure
de la congrégation religieuse formée sous le nom de l'*Ado-
ration perpétuelle*. L'objet de cette pieuse institution est
d'implorer de la miséricorde divine le pardon des crimes
commis pendant la révolution. Quel lieu pouvait être
mieux choisi, pour offrir le sacrifice d'expiation, que
celui où Louis XVI et sa famille languirent dans les fers,
en attendant la mort ?

PIÈCES
JUSTIFICATIVES.

PIÈCES JUSTIFICATIVES.

N° I.

MÉMOIRE des Princes.

SIRE, une révolution se prépare dans les principes du gouvernement; elle est amenée par la fermentation des esprits. Des institutions réputées sacrées, et par lesquelles cette monarchie a prospéré pendant tant de siècles, sont converties en questions problématiques, ou même décriées comme des injustices.

Les écrits qui ont paru pendant l'assemblée des notables, les mémoires qui ont été remis aux princes soussignés, les demandes formées par des provinces, villes ou corps, l'objet et le style de ces demandes et de ces mémoires, tout annonce, tout prouve un système d'insubordination raisonné, et le mépris des lois de l'État. Tout auteur s'érige en législateur; l'éloquence ou l'art d'écrire, même dépourvu d'études, de connaissances et de l'expérience, semblent des titres suffisans pour régler la constitution des empires. Quiconque avance une proposition hardie, quiconque propose de changer les lois, est sûr d'avoir des lecteurs et des sectateurs.

Tel est le malheureux progrès de cette effervescence, que les opinions qui auraient paru, il y a quelque temps, les plus répréhensibles, paraissent aujourd'hui raisonnables et justes ; et ce dont s'indignent aujourd'hui les gens de bien *passera dans quelque temps peut-être pour régulier et légitime.* Qui peut dire où s'arrêtera la témérité des opinions ? Les droits du trône ont été mis en question ; les droits des deux ordres de l'état divisent les opinions ; *bientôt les droits de la propriété seront attaqués : l'inégalité des fortunes sera présentée comme un objet de réforme ;* déjà on a proposé l'abolition des droits féodaux, comme l'abolition d'un système d'oppression, reste de la barbarie.

C'est de ce nouveau système, c'est du projet de changer les droits et les lois, qu'est sortie la prétention qu'ont annoncée quelques corps du tiers-état d'obtenir, pour cet ordre, deux suffrages aux États-généraux, tandis que chacun des deux premiers ordres continuerait à n'en avoir qu'un seul.

Les princes soussignés ne répèteront pas ce qu'ont exposé plusieurs bureaux : l'injustice et le danger d'une innovation dans la composition des États-généraux, ou dans la forme de les convoquer ; la foule des prétentions qui en résulteraient ; la facilité, si les voix étaient comptées par tête et sans distinction d'ordre, de compromettre, par la séduction de quelques membres du tiers-état, les intérêts de cet ordre, mieux défendus dans la constitution actuelle ; la destruction de l'équilibre si sagement établi entre les trois ordres, et de leur indépendance respective.

Il a été exposé à Votre Majesté, combien il est

important de conserver la seule forme des États-généraux qui soit constitutionnelle, la forme consacrée par les lois et les usages, la distinction des ordres, le droit de délibérer séparément, l'égalité des voix ; ces bases inaltérables de la monarchie française.

On n'a point dissimulé à Votre Majesté, que, changer la forme des lettres de convocation pour le tiers-état seul, et appeler aux États-généraux deux députés de cet ordre, même en ne leur donnant qu'une voix comme par le passé, serait un moyen médiat et détourné d'accueillir la prétention du tiers-état, qui, averti par le premier succès, ne serait pas disposé à se contenter d'une concession sans objet et sans intérêt réel, tant que le nombre des députés serait augmenté sans que le nombre des suffrages fût changé.

Votre Majesté a aussi pu reconnaître que la réunion de deux députés pour former un suffrage, peut, par la diversité de leurs opinions, opérer la caducité de leur voix, et que si la voix caduque est réputée négative, suivant l'usage admis dans les délibérations de divers corps, c'est augmenter les moyens de résistance contre les demandes du gouvernement.

Ces principes ont été développés, et leur démonstration semble portée au dernier degré d'évidence. Il ne reste aux princes soussignés qu'à y joindre l'expression des sentimens que leur inspire leur attachement à l'État et à Votre Majesté.

Ils ne peuvent dissimuler l'effroi que leur inspirerait pour l'État le succès des prétentions du tiers-état, et les funestes conséquences de la révolution proposée dans la constitution des États ; ils y découvrent un triste avenir ; ils y voient chaque Roi changeant, suivant ses vues ou ses affections, le droit de la nation ; un Roi superstitieux donnant au clergé plusieurs suffrages, le prodiguant à la noblesse qui l'aura suivi dans les combats; le tiers-état, qui, dans ce moment, aurait obtenu une supériorité de suffrages, puni de ses succès par ces variations; chaque ordre, suivant le temps, oppresseur ou opprimé ; la constitution corrompue et vacillante ; la nation toujours divisée, et dès lors toujours faible et malheureuse.

Mais il est encore des malheurs plus instans : dans un royaume où, depuis si long-temps, il n'a point existé de dissentions civiles, on ne prononce qu'avec respect le nom de scission : il faudrait pourtant s'attendre à cet événement, si les droits des deux premiers ordres éprouvaient quelque altération. Alors l'un de ces ordres, ou tous les deux peut-être, pourraient méconnaître les États-généraux, et refuser de confirmer eux-mêmes leur dégradation en comparaissant à l'assemblée.

Qui peut douter du moins qu'on ne vît un grand nombre de gentilshommes attaquer la légalité des États-généraux, faire des protestations, les faire enregistrer dans les parlemens, les signifier même à l'assemblée des États. Dès lors, aux yeux d'une partie de la nation, ce qui serait arrêté dans cette assemblée n'aurait plus la force d'un vœu national ;

et quelle confiance n'obtiendraient pas, dans l'esprit des peuples, des protestations qui tendraient à les dispenser du paiement des impôts consentis dans les États. Ainsi, cette assemblée si désirée, si nécessaire, ne serait qu'une source de troubles et de désordres.

Mais quand même Votre Majesté n'éprouverait aucun obstacle à l'exécution de ses volontés, son âme noble, juste et sensible, pourrait-elle se déterminer à sacrifier, à humilier cette brave, antique et respectable noblesse, qui a versé tant de sang pour la patrie et pour les rois, qui plaça Hugues Capet sur le trône, qui arracha le sceptre de la main des Anglais, pour le rendre à Charles VII, et qui sut affermir la couronne sur la tête de l'auteur de la branche régnante? En parlant pour la noblesse, les princes de votre sang parlent pour eux-mêmes; ils ne peuvent oublier qu'ils font partie du corps de la noblesse, qu'ils n'en doivent point être distingués, et que leur premier titre est d'être gentilshommes : Henri IV l'a dit, et ils aiment à répéter les expressions de ses nobles sentimens.

Que le tiers-état cesse donc d'attaquer les droits des deux premiers ordres, droits qui, non moins anciens que la monarchie, doivent être aussi inébranlables que sa constitution; qu'il se borne à solliciter la diminution des impôts dont il peut être surchargé. Alors, les deux premiers ordres, reconnaissant dans le troisième des concitoyens qui leur sont chers, pourront, par la générosité de leurs sentimens, renoncer aux prérogatives qui ont pour objet un intérêt pécuniaire, et consentir à supporter dans la plus parfaite égalité les charges publiques. Les princes soussignés demandent à donner l'exemple de tous les sacrifices qui pourront contribuer au bien de l'État, et à alimenter l'union des ordres qui le composent.

Que le tiers-état prévoie quels pourraient être, en dernière analyse, le résultat de l'infraction des droits du clergé et de la noblesse, et le fruit de la confusion des ordres. Par une suite des lois générales qui régissent toutes les constitutions politiques, il faudrait que la monarchie française dégénérât en despotisme, ou devînt une démocratie ; deux genres de révolution opposés, mais tous deux funestes. Contre le despotisme la nation a deux barrières, les intérêts de Votre Majesté et ses principes ; et Votre Majesté peut être assurée que de véritables Français se refuseront toujours à l'idée d'un gouvernement inconciliable avec l'étendue de l'État, le nombre de ses habitans, le caractère national, et les sentimens innés qui, de tout temps, ont attaché ceux de leurs pères à l'idée d'un souverain comme à l'idée d'un bienfaiteur.

Les princes soussignés ne veulent pas porter plus loin ces réflexions : ils n'ont parlé qu'avec regret des malheurs dont l'État est menacé ; ils s'occuperont avec plus de satisfaction de ses ressources.

Votre Majesté, s'élevant par ses vertus au-dessus des vues ordinaires des souverains jaloux et ambitieux de pouvoir, a fait à ses sujets des concessions qu'ils ne demandaient pas; il les a appelés à l'exercice de droits dont ils avaient perdu l'usage et presque le souvenir. Ce grand acte de générosité impose à la nation de grandes obligations : elle ne doit pas refuser de se livrer à un Roi qui s'est livré à elle. Les charges de l'État, sanctionnées par la volonté publique, doivent être supportées avec moins de regret; la puissance royale plus réglée, et conséquemment plus imposante et plus paternelle, doit trouver de zélés défenseurs dans les magistrats, qui, dans les temps difficiles, ont été les appuis du trône, et qui savent que les droits des Rois et de la patrie sont remis aux bons citoyens.

Il se montrera encore avec énergie, ce sentiment généreux qui distingua toujours les Français, cet amour pour la personne de leur Roi, ce sentiment qui dans toutes les monarchies est un des ressorts du gouvernement, et se confond avec le patriotisme; cette passion, cet enthousiasme qui parmi nous a produit tant d'actions héroïques et sublimes, tant d'efforts et de sacrifices que n'auraient pu exiger les lois.

Les princes soussignés se plaisent à parler à Votre Majesté le langage du sentiment; il leur semble qu'ils n'en devraient jamais parler un autre à leur souverain. Sire, tous vos sujets voient en vous un père; mais il appartient plus particulièrement aux princes de votre sang de vous donner ce titre. Vous en avez témoigné les sentimens à chacun d'eux, et la reconnaissance même leur inspire les instances qu'ils font auprès de Votre Majesté. Daignez, Sire, écouter le vœu de vos enfans, dicté par l'intérêt le plus tendre et le plus respectueux, par le désir de la tranquillité publique et du maintien de la puissance du Roi le plus digne d'être aimé et obéi, puisqu'il ne veut que le bonheur de ses sujets.

Signé, Charles-Philippe, Louis-Joseph de Bourbon, Louis-Henri-Joseph de Bourbon, Louis-Antoine-Henri de Bourbon, Louis-François-Joseph de Bourbon.

N° II.

Mémoire sur le Moment présent.

D'APRÈS les conversations qu'on a eues avec le Roi (1), dont la justesse d'esprit et les vertus vraiment royales percent à chaque mot, on prend la liberté de conseiller à M. le comte d'Artois de prendre plus tôt que plus tard ses excellens avis, pour arrêter un plan de conduite dont il serait aussi dangereux de ne pas jeter les premiers fondemens, qu'il serait téméraire de le faire encore sans en avoir préparé les bases. Depuis trois mois, nous attendons les événemens, et c'est tout ce que nous avions à faire. Sans doute il n'est pas temps encore d'agir ouvertement (et d'ailleurs comment le pourrions-nous!); mais nous sommes arrivés à l'époque où nous ne pouvons, sans trahir la cause du Roi de France, la nôtre, et j'ose dire celle de tous les souverains, rester dans une inaction absolue. Une grande partie de nos provinces est mécontente de tout ce qui se fait, nous ne pouvons en douter; mais si elles osent lever l'étendard de la résistance, sans être puissamment secondées par nous, elles seront écrasées; et nous le serions nous-mêmes, si nous allions trop légèrement, et sans moyens, nous mettre à la tête

---

(1) Le roi de Sardaigne. Ce mémoire a été rédigé à Turin.

de ces troupes populaires dont le défaut d'ordre rendrait les armes inutiles. Il est donc nécessaire, pour remettre notre Roi sur le trône, de se mettre en état de faire paraître les secours étrangers, au moment de l'explosion des provinces bien intentionnées; et cette explosion ne se provoquera qu'autant qu'elle se sentira soutenue. Nous sommes trop loin de ces provinces, nous en recevons des nouvelles trop incertaines, on prend trop de moyens pour qu'il ne nous en parvienne pas de plus sûres, pour que nous puissions juger bien sainement du degré de leur mécontentement et de l'étendue de leurs projets. Il faut donc se préparer le plus tôt possible à saisir l'occasion, et ne pas perdre un moment à nous assurer des dispositions des souverains qui voudraient avoir la générosité, et j'ose dire le bon esprit, de nous secourir. Nous sommes au mois d'octobre, et l'hiver ne sera pas trop long pour négocier efficacement aux deux bouts de l'Europe. Si le printemps se passe sans agir, la France et la maison de Bourbon sont perdues sans ressource. On a vu, avec autant de plaisir que de reconnaissance, que le Roi s'intéressait à leur sort; et, s'il veut bien mettre quelque suite à cet intérêt, si essentiel à l'existence de son gendre et de son petit-fils, personne n'est plus en état que ce monarque de se mettre à la tête d'une confédération puissante, dont le résultat ajoutera tout, à sa gloire et à la sûreté de ses États, contre les vues trop ambitieuses que pourrait avoir quelque jour une maison redoutable dont on connaît le penchant à s'accroître.

On ne répètera point ici tout ce qu'on a exposé dans un précédent mémoire, qui a été mis sous les yeux de M. le comte d'Artois; on se bornera seulement à le supplier, avec tout l'intérêt qu'il sait qu'on prend à sa gloire, de consulter le Roi sur les questions suivantes :

1° Le Roi ne penserait-il pas qu'il est très-instant que M. le comte d'Artois envoie en Espagne quelqu'un de sûr, soit pour lui mander le plus tôt possible, et par mer, l'état actuel de ce royaume, ce qu'on y pense des troubles de France, quelles sont les dispositions des personnes en crédit, soit pour porter au Roi ou à la Reine, ou à tous les deux, une lettre de M. le comte d'Artois, dans les termes qui seraient convenus entre le Roi et ce prince.

2° Le Roi a paru penser que le Roi de Prusse serait disposé à soutenir notre cause. Plût à Dieu qu'on n'eût pas changé le système naturel de la politique de l'Europe! Mais, dans la situation actuelle, l'on croit qu'il serait plus convenable et plus avantageux que ce fût le Roi lui-même, qui se chargeât de faire quelques ouvertures à cette cour.

3° L'on pense absolument comme le Roi sur le compte de l'Empereur: mais il est important que le Roi veuille bien penser qu'il est frère de notre Reine, que nous avons absolument besoin d'elle, ce qui est incroyable, mais ce qui est cependant vrai, pour attirer le Roi de France dans son propre parti; et que si nous la choquons, en ayant l'air de compter l'Empereur pour rien, nous perdrons une espérance dont le succès serait très-avantageux à celui de la bonne cause. Le Roi penserait-il qu'il y ait de l'inconvénient que M. le comte d'Artois écrivît plus tôt que plus tard au baron d'Escars, qui lui est attaché, et qui se trouve actuellement à Vienne, de sonder les dispositions de l'Empereur, non pas pour solliciter ses secours (M. le comte d'Artois sait bien qu'on n'en a jamais été d'avis), mais seulement pour s'assurer de son repos, qui n'importe pas moins à la bonne volonté du Roi pour la cause des Bourbons qu'aux succès de leurs vœux.

4° On pense, et l'on sait bien que c'est aussi l'avis de M. le comte d'Artois, qu'il ne faut rien dissimuler au Roi son beau-père : la franchise qui n'ôte rien de la prudence est toujours le plus sûr de tous les moyens à employer dans les grandes affaires, comme dans les petites. Il est donc essentiel d'avertir le Roi, que nous nous attendons qu'aux premières démarches de M. le comte d'Artois, de quelque nature qu'elles soient, ce prince recevra du Roi son frère des ordres, soit volontaires, soit forcés, *de ne point agir*. Le Roi pense-t-il que, dans sa position actuelle, le Roi de France soit *libre?* croit-il que ses fidèles sujets doivent regarder ses ordres comme sacrés, ou comme subreptices et par conséquent nuls ? Les ordres d'un Roi prisonnier doivent-ils arrêter les effets de l'attachement que les princes de son sang sont disposés à lui marquer ? Les dépêches, les lettres, qu'un souverain dans *l'esclavage* peut écrire aux autres souverains, pour les prier de l'y laisser, doivent-elles suspendre toute l'énergie de leur générosité ? est-il de leur intérêt d'y avoir égard ?

Si le Roi le pense, on croit qu'il vaudrait encore mieux pour les princes de rester dans l'inaction, que de se couvrir de honte en abandonnant l'entreprise quand elle serait une fois entamée. Si le Roi pense, au contraire, qu'il est du devoir des princes et de la grandeur des souverains de sauver le Roi de France, même malgré lui, il serait bon que ceux qui voudraient nous secourir fussent prévenus de ce genre d'obstacles, auquel ils pourraient bien ne pas s'attendre.

On croit que M. le comte d'Artois doit mettre ces questions sous les yeux du Roi, et d'après ses sages conseils, ne pas perdre un moment, et s'assurer de quelques bases qui puissent servir de fondement aux partis ultérieurs dont les événemens décideront le genre, la marche, l'importance et l'objet.

Ce 3 octobre 1789.

LOUIS-JOSEPH DE BOURBON.

N° III.

Mémoire sur la Position et le Devoir des Princes.

Dans la position affreuse où se trouve la Maison de Bourbon en France, la première de toutes les ressources est le courage, et si jamais il l'abandonnait, elle mériterait le sort funeste qui l'attend. Vaincre ou mourir, il n'y a pas de milieu; sa destruction, les armes à la main, soutiendrait au moins jusqu'au bout l'honneur de cette souche antique; mais supporter son avilissement sans résistance, la déshonorerait aux yeux de l'Europe et de la postérité. La honteuse défection d'une partie des troupes françaises ne paraît laisser, pour le moment, aucun moyen à prendre dans le sein de la France: il faut donc en chercher dans les puissances étrangères. Mais elles sont toutes enchantées, dira-t-on, de l'abaissement de la France: de son abaissement, oui; mais de sa destruction, non. Ce qui se passe dans notre malheureuse patrie est la cause de tous les souverains; et, s'ils nous abandonnent à notre sort, ils ne tarderont pas à le subir à leur tour : c'est l'esprit actuel de tous les peuples de l'Europe. Indépendamment de cette raison générale, qui tient à l'honneur comme à l'existence de tous les souverains, il est de la saine politique de nos trois voisins, l'empereur, le roi d'Espagne et le roi de Sardaigne, de ne pas souffrir, de ne pas risquer même que les Anglais puissent s'emparer d'une grande partie de la France : ce qui leur serait fort aisé, si l'état d'anarchie où nous sommes se soutenait encore quelque temps. Ces souverains ont, en outre, chacun leur intérêt particulier à nous secourir. Lorsque nous venons de voir le Roi de Prusse annoncer à l'Europe, qu'il ne se décidait à l'entreprise qu'il vient de faire en Hollande que pour venger une légère offense faite à sa sœur, un souverain aussi puissant que l'Empereur osera-t-il laisser détrôner la sienne, dont l'influence ne lui a pas été inutile pour maintenir ses traités avec la France? A la vérité, l'état de la santé de l'Empereur, et celui de ses finances épuisées par la guerre contre les Turcs, ne permettent pas de compter sur de grands secours de sa part; mais, au moins, est-il sûr qu'il laissera agir les puissances qui voudraient nous soutenir; et quand on n'obtiendrait que la certitude de son repos, elle serait toujours d'un grand poids dans la balance de l'Europe.

Le Roi d'Espagne a un intérêt si naturel, si majeur, si évident, si intimement lié à son honneur à soutenir la maison de Bourbon, qu'il est plus que vraisemblable qu'il ne la laissera pas détrôner, et qu'indépendamment des liens du sang, il sentira de quelle importance il est pour lui de ne pas laisser anéantir un allié certain, et sur les secours duquel il peut compter dans tous les cas possibles. L'Espagne serait bientôt perdue, si la France était conquise ou seulement nulle en Europe; et la conduite des Espagnols, depuis long-temps, ne permet pas de douter qu'ils ne soient intimement persuadés de cette vérité politique.

Quant au Roi de Sardaigne, on sait en général que cette cour, aussi bornée dans ses moyens que dans son étendue, préfère le repos aux entreprises. Mais le souverain actuel est le beau-père de M. le comte d'Artois; il ne tient qu'à une seule tête que M. le duc d'Angoulême ne soit héritier présomptif de la couronne: est-il donc indifférent pour le Roi de Sardaigne de voir son petit-fils monter sur un trône écroulant ou solidement affermi? Est-il bien sûr que ce monarque n'ait jamais besoin de la France, pour se soutenir contre les entreprises de la maison d'Autriche? S'il nous laisse anéantir, il n'est pas douteux que quelque jour cette maison puissante envahira son royaume: la France seule peut s'y opposer. Dans ce moment-ci donc, où la situation de l'Empereur et les liens qui l'attachent à la Reine de France, assurent le Roi de Sardaigne qu'il n'a rien à craindre de ce côté, n'est-il pas de son intérêt de raffermir une puissance qui peut seule le sauver un jour, et qui sera vraisemblablement gouvernée par son petit-fils?

L'on pense donc qu'il est très-instant de tâter les dispositions de ces trois cours; l'on pense même que, s'il fallait quelques sacrifices pour les déterminer, la position de la France ne permet pas d'hésiter à les laisser entrevoir.

L'on est fort loin de prétendre décider l'importante question dont on va dire un mot: mais il y a bien des gens qui pensent qu'il est au moins douteux si nos colonies sont plus utiles que nuisibles à l'État;

elles sont la cause de toutes nos guerres avec les Anglais; elles exigent l'entretien d'une marine, beaucoup plus considérable peut-être que nos finances ne peuvent la supporter ; elles absorbent une énorme quantité de nos blés, cette denrée beaucoup plus précieuse pour la France que le sucre qu'on retire de ces colonies, et qu'on pourrait se procurer d'une manière beaucoup moins coûteuse. Serait-il donc si onéreux pour la France d'acheter son salut par le sacrifice de quelques-unes de ces possessions éloignées, qui nous coûtent tant à garder, et qui nous coûteront bien davantage, si, comme il y a toute apparence, les nègres gagnent leur procès ? Ne pourrait-on pas faire entendre à l'Espagne (car on ne peut rien promettre) que, si la chose réussissait, les princes s'emploieraient à lui faire céder la partie française de St.-Domingue, ou quelque autre possession française, à la convenance de l'Espagne ? Il ne faut pas se dissimuler que le succès de la cause des Bourbons dépend entièrement du parti que cette puissance va prendre ; elle seule peut fournir l'argent nécessaire, et il faut bien se garder d'entamer une entreprise de cette nature sans s'assurer les moyens de la soutenir. Raisonnablement et politiquement, c'est donc à l'Espagne à donner la première impulsion; il ne faut pas s'attendre qu'aucune puissance se déclare, que cette cour n'ait donné l'exemple qu'elle doit. Jusque-là toute autre négociation ne produira certainement que des réponses vagues : mais il n'est pas moins nécessaire d'en entamer, pour se donner le temps d'échauffer les souverains, pour se procurer celui de juger de leurs vues sur le prix qu'ils pourraient mettre à l'efficacité de leurs secours, et pour que cette ligue si importante et si nécessaire puisse agir plus promptement, dès que l'Espagne se serait décidée.

L'intérêt des couronnes est toujours la mesure de la confiance qu'on peut prendre en elles. On vient de proposer un moyen pour celle d'Espagne : voyons celui qui pourrait tenter la cour de Sardaigne. On n'en voit point de plus propre à la déterminer que de lui faire entrevoir la cession de la Bresse, petite province qui n'est démembrée de la Savoie que du commencement du dernier siècle ; ce léger sacrifice serait beaucoup pour la Sardaigne, et très-peu de chose pour la France.

A l'égard de l'Empereur, on avoue qu'on est effrayé du prix qu'il pourrait mettre à ses secours. Il ne pourrait avoir en vue que la Lorraine ou l'Alsace, et ce serait porter une trop grande atteinte à la puissance française, que d'avoir seulement l'idée de la priver d'une de ces superbes provinces; ce serait introduire une maison rivale et dangereuse jusque dans son sein : il n'y faut pas penser. C'est par cette raison déterminante qu'on croit qu'il ne faudrait charger le négociateur à Vienne que de solliciter le repos de l'Empereur. S'il pense assez noblement pour croire qu'il est de son honneur de contribuer à faire cesser l'avilissement de la Reine de France, il faut sans doute accepter ses secours avec joie ; mais, comme on ne les aura point demandés, il n'y pourra pas mettre de prix ; et, la chose réussissant, les princes ne seraient engagés à rien vis-à-vis de lui. Il serait seulement à désirer que le négociateur fût assez adroit pour tirer parti de la sensibilité que l'Empereur ne pourra pas s'empêcher de marquer sur la situation de sa sœur, en lui insinuant qu'il la servirait à peu de frais en renforçant seulement le corps de troupes qu'il a dans les Pays-Bas. Il pourrait l'assurer, sans crainte, que ce renfort est nécessaire à sa propre autorité dans un pays où la fermentation qui s'est déjà manifestée couve sous la cendre, et produira tôt ou tard une nouvelle insurrection. Si cette insinuation réussissait, l'effet en serait fort utile, puisque cette espèce de neutralité armée retiendrait nécessairement en Flandre un corps de troupes considérable, et diminuerait d'autant ceux qu'on pourrait opposer aux autres puissances étrangères.

Le Roi de Prusse paraît trop éloigné de nous pour pouvoir nous être utile, dès que nous n'avons pas besoin de diversion pour décider l'Empereur à ne pas nous être contraire. Mais il ne faut pas avoir l'air de négliger une puissance aussi considérable dans l'Europe; et l'on serait d'avis, dès que l'Espagne serait décidée, d'envoyer à Berlin un agent des princes pour mettre Frédéric-Guillaume dans la confidence de leurs projets, et lui faire sentir combien il est de son intérêt, comme souverain, de ne pas s'opposer à des démarches fondées sur l'attachement à l'autorité royale, et, comme Roi de Prusse, de ne pas laisser anéantir la maison de Bourbon, qui peut avoir comme lui le plus grand intérêt à s'opposer tôt ou tard aux projets trop ambitieux de la maison d'Autriche.

L'on a lieu de penser que les princes d'Allemagne, alarmés de l'exemple, et déjà fort en garde contre la contagion des troubles de la France, sont en général bien disposés pour la cause des Bourbons; et si l'Espagne se livre franchement à la soutenir, l'on ne serait pas étonné qu'avec les subsides qu'elle pourrait fournir l'on ne parvînt à rassembler une armée dans cette partie : elle serait infiniment utile à tenir l'Alsace en échec; et, par cette raison, ce moyen de plus n'est pas à négliger.

Quant à la Suisse, M. le comte d'Artois sait mieux que personne qu'on pourrait peut-être y compter, si l'Espagne en fournissait les moyens comme aux princes allemands.

Pour achever les préparatifs dont il est absolument nécessaire de s'occuper avant l'explosion du projet, et plus tôt que plus tard, il ne reste plus à parler que de l'Angleterre, dont la Hollande sera forcée de suivre l'impulsion. L'on a des raisons de croire que le Roi d'Angleterre et M. Pitt seraient plutôt portés à secourir le Roi de France, qu'à l'attaquer dans le moment présent. Mais le gouvernement anglais est si mobile, le pouvoir exécutif trouve tant d'embarras dans ses volontés, et même dans ses désirs, du moment que la nation peut les pénétrer, qu'il est vraisemblable qu'elle s'opposerait au projet de nous secourir, ou qu'elle y mettrait des conditions si onéreuses qu'il serait impossible de les accepter. Il ne faut donc penser qu'à profiter des dispositions du gouvernement actuel pour s'assurer de son repos : l'agent des princes dans ce pays est tout trouvé; ils n'en pourraient avoir de plus zélé, de plus actif et de plus intelligent. L'Espagne ne manquera pas de s'assurer, de son côté, qu'elle ne sera point troublée dans ses possessions au-delà des mers, pendant ses opérations en France.

Les choses en cet état, et l'Espagne une fois décidée, mais non pas encore déclarée, on en ferait part secrètement aux princes d'Allemagne, à la Suisse et au Roi de Sardaigne; et ce serait alors qu'il faudrait redoubler d'efforts pour déterminer cette dernière puissance, qui, suivant ce que j'entends dire, ne sera pas la plus aisée à mettre en mouvement: si l'on n'y parvient pas, il faudra bien s'en passer; au moins sera-t-on sûr que ce monarque n'enverra pas ses troupes contre son gendre et son petit-fils. Si l'on réussit, au contraire, à le décider, il faudra convenir des subsides que l'Espagne pourra fournir aux puissances dont on vient de parler, et d'une époque à laquelle les troupes espagnoles s'approcheront des Pyrénées, les piémontaises des Alpes, les Allemands des bords du Rhin, et les Suisses des frontières de la Franche-Comté. C'est alors qu'il faut que les princes produisent un manifeste fondé en raison, et bien écrit (cette dernière condition n'est rien moins qu'indifférente), qui prenne pour base, si l'on veut, la déclaration du Roi du 23 juin, l'avilissement et la détention de sa personne, le maintien de la constitution du royaume, et celui de toutes les constitutions particulières des provinces qui en ont, l'illégalité des États généraux actuels, l'atrocité des brigandages, des exécutions, etc.; et que les princes tâchent de faire répandre ce manifeste en France avec profusion. Les puissances agissantes en produiraient aussi chacune un de leur côté, dans lequel il serait clairement énoncé qu'elles n'ont aucun projet de conquête, et qu'elles ne prennent les armes que pour faire rendre au Roi leur allié son autorité légitime et sa liberté, et pour préserver la France de tous les malheurs dont elle est menacée par les coupables intrigues de quelques particuliers qui n'ont pas craint de sacrifier à leur ambition le repos, la gloire et la félicité du peuple français.

Tous ces préparatifs indispensables demanderaient du temps; et c'est par cette raison qu'il n'y a pas un moment à perdre pour envoyer quelqu'un de sûr en Espagne s'assurer des dispositions de cette cour, et, si elles sont favorables, demander au Roi, de la part de M. le comte d'Artois, une lettre de crédit de plusieurs millions, chose absolument nécessaire, pour élever un parti, soit en France, soit dans le pays étranger : il faudrait en même temps le supplier d'envoyer tout de suite une frégate à Livourne pour transporter les princes en Espagne. Quelque chose que l'on fasse, il paraît impossible désormais d'être en état d'agir avant le commencement d'avril; mais il serait nécessaire que l'invasion suivît de près le manifeste. La marche des troupes espagnoles se trouve heureusement et naturellement indiquée par la Navarre et le Béarn, dont les dispositions paraissent favorables. L'on croit que le Roussillon n'est pas mal disposé : il y a de la division dans le Languedoc; et les Gascons pourraient-ils ne pas se rallier sous les drapeaux du petit-fils de Henri IV ?

L'armée du Roi de Sardaigne entrerait par le Dauphiné : le mécontentement d'une grande partie de cette province, et celui de la haute noblesse de Provence, faciliteraient cette invasion, et procureraient bientôt un puissant renfort à cette armée. Alors elle se dirigerait sur Lyon, et communiquerait en peu de temps, par Mâcon, avec l'armée suisse qui serait entrée par la Franche-Comté.

Quant à l'armée de l'Empereur, si l'on parvient à en rassembler une, comme on compte moins sur elle que sur les autres, tout ce qu'il y aurait à lui demander, serait de border le Rhin pour contenir les troupes d'Alsace et les empêcher de se porter ailleurs. Si cette fausse attaque est secondée par la présence d'un corps de troupes impériales du côté de la Flandre, il paraît difficile que la France opposé des forces bien redoutables aux armées qui s'y introduiront par les provinces méridionales ; et, selon mes faibles lumières, le succès me paraîtrait certain. Il serait encore plus assuré, si l'Espagne voulait envoyer une armée navale sur les côtes de Bretagne, les menacer d'une descente, et l'effectuer, si cela est possible. Il n'est pas douteux que cette démarche intimiderait les mal intentionnés, encouragerait la noblesse de cette province, dont on connaît l'énergie, et la déterminerait à se déclarer en favorisant l'entreprise des Espagnols.

Après avoir cherché tous les moyens d'assurer les effets du courage de M. le comte d'Artois, si nécessaire au salut de la France, il est bien juste de s'occuper de cette obéissance à son Roi, de cette sensibilité fraternelle, qui font tant d'honneur à ce prince, mais qui ne doivent pas refroidir en lui cette fermeté mâle qui peut seule en ce moment sauver l'État et la maison de Bourbon.

Il est encore des troupes fidèles. Que notre attachement au Roi serait à son aise, s'il pouvait avoir le courage de se procurer la possibilité d'employer l'adresse et la force pour se tirer de cette contrainte affreuse, de cette soumission incroyable, de cette avilissante nullité, que des sujets audacieux et coupables osent exiger de leur souverain? Mais une fatale expérience ne permet pas aux princes de compter sur la force des résolutions de la cour: il faut, au contraire, qu'ils s'attendent à des contrariétés, à des obstacles, soit volontaires, soit forcés, de la part de ceux-là mêmes qui auraient le plus d'intérêt à seconder la vigueur et la pureté de leurs intentions. Il est possible qu'aux premières démarches de M. le comte d'Artois il reçoive peut-être d'abord une lettre fraternelle, mais bientôt après un ordre positif de son Roi de ne point agir. Si cet ordre était libre, il faudrait sans doute y obéir; mais, quand il y serait exprimé qu'il est absolument volontaire, jamais M. le comte d'Artois ne peut ni ne doit le croire. Est-ce de sa seule volonté que le Roi a rappelé, le jeudi, le ministre qu'il avait renvoyé le samedi d'auparavant? qu'il a reçu, le vendredi, la démission de ceux qu'il avait appelés auprès de lui le dimanche ? qu'il leur a substitué les personnages dont il avait le plus à se plaindre ? qu'il a retiré sa déclaration du 23 juin ? qu'il a été à Paris se mettre à la merci de cent mille rebelles avoués ? qu'il a arboré la cocarde, signal de la révolte contre son autorité ? Il est donc bien notoire aux yeux de l'Europe entière, que le roi de France n'est plus maître de ses actions ; que tous les ordres qu'il peut envoyer sont subreptices, et par conséquent nuls ; qu'ainsi le seul devoir de son frère et des princes de son sang est de n'avoir aucun égard à sa volonté apparente, puisqu'elle n'est pas libre, et de surmonter, s'ils le peuvent, tous les obstacles quelconques, de quelque nature qu'ils soient, pour tirer le Roi de la véritable prison dans laquelle il gémit, la maison de Bourbon de l'avilissement qu'on lui fait éprouver, et la France de cette affreuse anarchie qui ternit sa gloire, et qui sape sa puissance jusque dans ses plus solides fondemens.

Les séditieux, voyant échouer cette ressource sur laquelle ils fondent peut-être à présent toute leur audace, commenceraient sûrement par déclarer les princes ennemis du Roi et de l'État, et par confisquer leurs biens : il faut qu'ils s'y attendent, mais, après avoir pris un parti dicté par leur honneur et par leur conscience. Cette injustice de plus ne les arrêterait sûrement pas : l'Espagne leur fournirait sans doute leur nécessaire ; et ce serait à la force de leurs armes à se faire rendre leurs propriétés, et à prouver que le Roi n'a pas de sujets plus fidèles ; la nation d'amis plus vrais, l'État d'appui plus solide, que les princes de la maison de Bourbon.

Mais il est un coup bien plus sensible à porter à leurs cœurs, et les rebelles connaissent trop tout l'attachement des princes à l'illustre chef de leur maison, pour ne pas pousser peut-être leur invincible audace jusqu'à les alarmer sur ses jours, de la manière la plus effrayante. C'est alors qu'il faudra que les princes rassemblent tout leur courage contre leur sensibilité même, qu'ils détournent leurs yeux de cette horreur, qu'il les porte rapidement sur le propre intérêt des coupables. C'est sans doute le seul frein qui puisse les arrêter ; mais l'effet en est certain. L'audace et la licence pourront menacer du plus grand des crimes : mais l'intérêt et la peur ne permettront jamais de le consommer. Les séditieux ne seront-ils pas d'abord intimidés par la présence de plusieurs armées prêtes à fondre sur le royaume, par des côtés différens ? ne réfléchiront-ils pas qu'en se portant à cet excès d'horreur, ils se priveraient de la plus forte partie de leurs armes ; qu'ils révolteraient l'Europe entière par cette atrocité ; qu'ils l'acharneraient à leur perte ; qu'ils perdraient en France même les trois quarts de leurs partisans ; qu'il n'y aurait plus de grâce à espérer pour tous ceux qui auraient contribué par leurs démarches ou leurs conseils à cette exécution sanguinaire, à laquelle on ne peut penser sans frémir ; et qu'enfin l'incertitude d'une régence, qu'on peut toujours disputer, loin d'abattre le parti des princes, ne ferait que l'augmenter, et fournirait des armes de plus à la juste vengeance qu'ils seraient plus que jamais en droit d'exercer. Une réponse des princes, sensible, sans doute, mais ferme et foudroyante pour les séditieux qui se permettraient de risquer la menace, serait donc absolument sans danger. Mais si les princes ne se sentent pas le courage de s'y résoudre, il vaut encore mieux qu'ils subissent le joug, et qu'ils laissent leur Roi traîner une vie languissante dans l'opprobre et dans la servitude, que d'entamer une entreprise qu'ils ne pourraient abandonner, pour quelque cause que ce soit, qu'en se couvrant de honte. Le mépris des nations les suivrait partout ; et, s'ils trouvaient un asile, ils ne le devraient qu'à la pitié la plus humiliante ; tandis qu'ils ne peuvent, au contraire, que vivre ou mourir glorieusement, en mettant autant de suite que de courage au noble projet de sauver le Roi et l'État. Il est de leur devoir de le forcer; il est dans leur sang, comme dans leur cœur, de s'en charger; et l'on oserait presque dire qu'il sera de leur étoile d'en déterminer le succès.

L'auteur de ce mémoire a osé mettre sous les yeux de M. le comte d'Artois tout ce qu'il pense, et lui parler avec toute la vérité qu'il lui doit, surtout dans une circonstance aussi importante pour sa gloire : il finira par le supplier, au nom de l'inviolable attachement que ce prince lui connaît pour sa personne, de ne jamais perdre de vue que l'Europe entière a les yeux sur lui ; qu'elle ne lui pardonnerait jamais d'abandonner tous ceux qui se sont dévoués ou qui se dévoueront à le suivre, et que sa sortie de France passera pour une terreur panique ou pour une légèreté, s'il y rentre sans avoir assuré l'honneur, la vie et les propriétés de ses amis et de ses serviteurs ; et sans avoir raffermi l'autorité royale, que lui seul peut rétablir ; l'exécution des lois, au nom desquelles il va parler ; l'existence de la noblesse française, qui lui tend les bras, et qui n'a d'espoir qu'en lui ; la considération des premiers magistrats, dont il peut se servir utilement ; en un mot, la tranquillité, la sûreté, le bonheur de tous les ordres de l'État, qui lui devront leur salut.

LOUIS-JOSEPH DE BOURBON.

Ce   1791.

N° IV.

LETTRE *du Duc de Brunswick à S. M. le Roi de Prusse.*

A Oppenheim, le 6 janvier 1794.

Les motifs, Sire, qui m'ont fait demander mon rappel de l'armée étaient fondés sur l'expérience malheureuse que j'ai faite que le manque d'ensemble, la méfiance, l'égoïsme et l'esprit de cabale ont détruit pendant deux campagnes de suite les mesures prises, et fait échouer les plans combinés des armées coalisées. Accablé du malheur d'être enveloppé, par les fautes d'autrui, dans la situation fâcheuse où je me trouve, je sens vivement que le monde juge des militaires d'après les succès, sans en examiner la cause. La levée du blocus de Landau fera époque dans l'histoire de cette malheureuse guerre, et j'ai le malheur d'y être compris : la critique tombera sur moi, et l'innocent sera confondu avec le coupable. Malgré toutes ces adversités, je ne me serais pas laissé aller au désir de quitter une carrière qui a fait la principale occupation de ma vie ; mais quand on en est pour ses peines, son travail, ses efforts ; que les fruits de la campagne sont perdus, et qu'il n'y a aucun espoir qu'une troisième campagne offre des résultats plus avantageux, quel parti reste-t-il à prendre à l'homme le plus zélé, le plus attaché aux intérêts de Votre Majesté et à sa cause, que celui d'éviter de nouveaux malheurs ? Les mêmes raisons diviseront les puissances coalisées, qui les ont divisées jusqu'ici ; les mouvemens des armées en souffriront comme ils en ont souffert ; leur marche en sera ralentie, embarrassée, et le retard du rétablissement de l'armée prussienne, politiquement nécessaire, peut-être deviendra la cause d'une suite de malheurs pour la campagne prochaine, dont les conséquences sont incalculables. Ce n'est point la guerre qui me répugne; ce n'est point elle que je cherche à éviter, mais le déshonneur que je redoute dans une position où les fautes des autres généraux tombent et retomberont tout le temps sur moi, où je ne pourrai jamais agir, ni d'après mes principes, ni d'après mes vues. Votre Majesté se rappellera peut-être ce que j'ai eu l'honneur de lui dire le jour de son départ d'Eschweiler. J'ai prévu mes peines, mes embarras et mes malheurs ; j'ai employé tous mes efforts pour remédier aux inconvéniens : malheureusement l'effet en a prouvé l'insuffisance. Ce n'est donc que la persuasion intime de l'impossibilité d'opérer le bien, qui me dicte la démarche de supplier Votre Majesté de me nommer un successeur le plus tôt possible. Cette demande, très-affligeante pour moi, est cependant une suite des tristes réflexions que j'ai faites sur mon sort. La prudence exige ma retraite; l'honneur la conseille. Lorsqu'une grande nation, telle que la française, est conduite par la terreur des supplices, l'enthousiasme, une même volonté, les mêmes principes doivent présider aux opérations des puissances coalisées. Mais lorsque, au lieu de cela, chaque armée agit seule par elle-même, sans aucun plan fixe, sans unité, sans principe et sans méthode, les résultats seront tels que nous les avons vus à Dunkerque, à la levée de Maubeuge, au sac de Lyon, à la destruction de Toulon et à la levée du blocus de Landau. Veuille le ciel préserver surtout Votre Majesté et ses armées de plus grands malheurs! Mais tout est à craindre, si la confiance, si l'harmonie, l'unité des principes, de sentimens et d'actions ne prennent bientôt la place des sentimens opposés qui, depuis deux ans, sont la cause de tous les malheurs.

Mes vœux accompagnent sans cesse Votre Majesté, et votre gloire fera mon bonheur.

CORRESPONDANCE

INÉDITE

DE MGR LE PRINCE DE CONDÉ,

AVEC

S. M. LOUIS XVIII, les Empereurs d'Autriche, LÉOPOLD II et FRANÇOIS II; LL. MM. les Empereurs de Russie, PAUL et ALEXANDRE; les Rois de Prusse, de Suède et de Sardaigne; l'Impératrice CATHERINE; les Reines de Naples et de Sardaigne; S. A. R. *Madame*, Duchesse d'Angoulême; *Monsieur*, Comte d'Artois; LL. AA. RR. les Ducs d'Angoulême et de Berry; *Mesdames* ADÉLAÏDE et VICTOIRE, tantes du Roi; le Duc d'Enghien, etc., etc.

Au quartier général de Kymmegård dans le fin fond de la Russie, le 21 août 1789

Monsieur mon Cousin, l'amitié que vous m'avez toujours témoignée et celle que je vous ai portée me font partager bien vivement l'état où vous vous trouvez. Offrir à un Bourbon et à un Condé un asile dans mon camp c'est y appeller la victoire, vous proposer d'y chercher une retraite dans mes états c'est moins. Vous témoigner l'intérêt que je prends à vous que de satisfaire à mes sentiments les plus doux. Votre Altesse peut être persuadée qu'elle trouvera en moi toutes les sentimens et les égards qui lui sont dus et que je donnerai l'exemple à ma nation de consoler un héros malheureux. C'est en attendant votre réponse et le plaisir de vous assurer de bouche de mes sentimens pour vous que je vous prie de ne pas douter de ceux avec lesquels je suis, Monsieur mon Cousin, de Votre Altesse l'affectionné Cousin

Je vous prie de faire mes complimens à mes ducs d'Enghien et de Bourbon et à la Princesse de Condé qui ne quitteront point je l'espère leur père.

CORRESPONDANCE

INÉDITE

DE MGR LE PRINCE DE CONDÉ.

LETTRE *du Roi de Suède* (1) *à Monseigneur le Prince de Condé.*

Au quartier général dans la Finlande russe, le 21 août 1789.

MONSIEUR MON COUSIN,

L'AMITIÉ que vous m'avez toujours témoignée, et celle que je vous ai portée, me font partager bien vivement l'état où vous vous trouvez. Offrir à un Bourbon, et à un Condé, un asile dans mon camp, c'est y appeler la victoire : vous proposer de chercher une retraite dans un de mes États, c'est moins vous témoigner l'intérêt que je prends à vous que ce n'est satisfaire à mes sentimens les plus doux. Votre Altesse peut être persuadée qu'elle trouvera en Suède tous les sentimens et les

---

(1) Gustave III.

égards qui lui sont dus ; et je donnerai l'exemple à ma nation de consoler un héros malheureux !

Je suis, mon cousin, votre affectionné

GUSTAVE.

Je vous prie de faire mes complimens à MM. les ducs d'Enghien et de Bourbon, et à la princesse de Condé, qui ne quitteront point leur respectable père.

Mon Cousin :   J'ai receu et lu avec beaucoup de
sensibilité la touchante lettre que vous avés bien voulu
m'ecrire de Carouge avant de passer hors de mon païs.
Les sentimens affectueux et les choses obligeantes que vous
m'y exprimés me sont une nouvelle preuve de votre bon
cœur à mon egard à laquelle je suis très reconnoissant.
C'est aussi avec un veritable regret que je vous aie vu
partir d'ici avec votre famille dans une saison si rude,
et vous ne devés pas douter que votre éloignement ne
m'aie été fort sensible. Je souhaite qu'il en puisse
resulter pour vous des circonstances favorables à vos
desirs, et vous pouvés être persuadés que je garderai
un bien doux souvenir du tems que vous aurés passé
parmi nous, en pensant surtout à la satisfaction
que vous m'en temoignés. Mon interest pour ce

qui vous regarde ainsi que vos Enfants ne se ralentira jamais où que vous soiés, non plus que mon desir de vous savoir tous heureux et jouissant d'un sort tel que vous le meritez. J'ai été charmé en attendant d'apprendre que vous aiés été content de votre voiage dans mes États et que les ordres que j'avois fait donner à ce sujet aux commendants sur la route aient été executés à votre satisfaction. La reconnoissance que vous m'en temoignés ne peut que m'être fort chere, et me faire desirer des occasions plus essentielles de vous marquer mon juste attachement et de vous convaincre toujours plus de l'estime particuliere et de l'affection inviolable avec laquelle je suis

Turin ce 22. de 1795. Votre bon Cousin et bon ami
V. Amé

LETTRE *de S. M. le Roi de Sardaigne
à Monseigneur le Prince de Condé.*

Turin, le 22 janvier 1791.

MON COUSIN,

J'AI reçu et lu avec beaucoup de sensibilité la touchante lettre que vous avez bien voulu m'écrire de Carrouge, avant de passer hors de mon pays. Les sentimens affectueux et les choses obligeantes que vous m'y exprimez, me sont une nouvelle preuve de votre bon cœur à mon égard, à laquelle je suis très-reconnaissant. C'est aussi avec un véritable regret que je vous ai vu partir d'ici avec votre famille dans une saison si rude, et vous ne devez pas douter que votre éloignement ne m'ait été fort sensible. Je souhaite qu'il en puisse résulter pour vous des circonstances favorables à vos désirs ; et vous pouvez être persuadé que je garderai un bien doux souvenir du temps que vous avez passé parmi nous, en pensant surtout à la satisfaction que vous m'en témoignez. Mon intérêt pour ce qui vous regarde, ainsi que vos enfans, ne se ralentira jamais où que vous soyez, non plus que mon désir de vous savoir heureux et jouissant d'un sort tel que vous le méritez.

J'ai été charmé, en attendant, d'apprendre que vous avez été content de votre voyage dans mes États, et que les ordres que j'avais fait donner à ce sujet sur la route aient été exécutés à votre satisfaction. La reconnaissance que vous m'en témoignez ne peut que m'être fort chère, et me faire désirer des occasions plus essentielles de vous marquer mon juste attachement, et de vous convaincre toujours plus de l'estime particulière et de l'affection inviolable avec laquelle je suis,

Votre bon cousin et bon ami,

VICTOR AMÉDÉE.

Lettre *de Madame Adelaïde, tante du Roi, à Monseigneur le Prince de Condé.*

Turin, ce 23 mars 1791.

Bien persuadé, Monsieur, de vos sentimens, et vous rendant la justice que vous méritez à tant de titres, je n'en ai pas moins été touchée et attendrie de tout ce que vous me mandez. L'intérêt que vous avez pris à ce que nous avons éprouvé dans notre voyage, exige de ma part que je vous rende compte des motifs qui m'ont fait prendre la route où j'étais cependant prévenue de tout ce qui nous est arrivé. Mon premier projet avait été de passer par la Flandre, mais le motif (ou pour mieux dire le prétexte) qui nous mettait dans la nécessité de quitter notre malheureuse patrie, aurait rendu notre marche suspecte de ce côté-là ; le roi l'a pensé de même : d'ailleurs, on était décidé à nous faire arrêter pour le plaisir de nous faire une insulte ; ainsi nous ne l'aurions pas évité, et nous aurions eu l'air de la craindre, et de nous cacher, qui est la seule chose que je redoutais. Arnay-le-Duc avait été choisi pour cette expédition ; je le savais avant mon départ.

On nous avait ensuite menacées de Châlons et de Lyon, où nous n'avons rien éprouvé. Je n'ai pas même voulu changer de route en prenant par la Bresse; j'ai pensé que ce que nous éprouvions pouvait même être utile à la chose publique, et j'ai eu en effet la satisfaction de voir sur toute la route, que, malgré les insultes que nous recevions, elles n'étaient jamais produites que par quelques individus, et que le grand nombre gémissait sans oser s'y opposer. Enfin nous sommes à Turin, où le Roi nous a parfaitement reçues. Mais ce qui m'a fait le plus grand plaisir à voir, c'est le comte d'Artois. J'aurais bien regretté de ne pas vous y trouver, si je ne pensais qu'à moi; et je l'ai bien éprouvé le premier moment où j'ai su que je ne vous verrais pas : mais on a beau faire, ma patrie m'est toujours chère; et je suis persuadée que vous la sauverez : vous êtes digne du nom que vous portez. La manière dont vous vous exprimez me fait désirer encore davantage que le roi vous doive sa couronne, et notre patrie son bonheur : je ne doute nullement que cela n'arrive un jour.

Soyez bien persuadé, Monsieur, je vous prie, de tous les sentimens d'estime, d'amitié, de reconnaissance qui sont imprimés pour jamais dans mon cœur.

MARIE ADELAÏDE.

Je vous prie de vouloir bien dire à Madame la princesse Louise, combien j'ai pris part à son dernier accident, et la joie que j'ai qu'elle soit bien; j'espère qu'à l'avenir elle prendra plus de précaution.

Lettre *du roi de Suède au Prince de Condé.*

Aix-la-Chapelle, 28 juin 1791.

Monsieur mon cousin,

Je profite du passage d'un des gardes du corps du Roi de France, pour vous témoigner toute ma douleur et tout l'intérêt que je prends aux nouveaux malheurs qui viennent de fondre sur le Roi de France et sur sa famille (1). Vous connaissez depuis long-temps mes sentimens, et vous ne doutez pas que je ne ferais rien qui n'y soit conforme. L'union la plus étroite entre tous les bons Français, et le concert avec leurs vrais amis, sont les seuls moyens qui nous restent.... Mais j'oublie que je parle au descendant du grand Condé, qui s'est bien montré digne de sa race : c'est vous assurer de tous les sentimens que je vous porte, et de la haute considération avec laquelle je suis, monsieur mon cousin,

De votre Altesse,
Très-affectionné cousin.

Signé Gustave.

---

(1) L'arrestation du roi à Varennes.

Vôtre Altesse

J'ay reçû par le Courrier qu'Elle m'a adressé la bien triste nouvelle de l'arrestation du Roi de france de la Reine ma soeur et de leurs enfants, Elle peut se figurer combien j'en ay été saisi, et les circonstances cruelles que j'en prévois par la suite, je la prie d'être persuadé que comme parent ami allié du Roi, et comme souverain de la Monarchie Autrichienne et chef du Corps Germanique j'employerai tous les moyens qui seront en mon pouvoir, et je formerai un concert entre les Cours d'Espagne Angleterre Prusse Naples Sardaigne et Russie auxquels tous je me suis déjà adressé, pour faire les déclarations les plus fortes a l'assemblée nationale, et les appuyer par un concert de trouppes et de moyens qui puisse assurer au Roi et sa famille sa sureté liberté et la constitution françoise, et empêcher l'introduction et la propagation de systèmes qui en detruisant toute autorité, ne font que les malheurs des nations. Je suis avec la plus haute et parfaite consideration

De vôtre Altesse

Le 6 Juillet 1791.
Padoüe

Le très affectionné
Leopold

LETTRE *de l'Empereur d'Autriche, Léopold II, à Monseigneur le Prince de Condé.*

Padoue, le 6 juillet 1791.

VOTRE ALTESSE,

J'AI reçu, par le courrier qu'elle m'a adressé la bien triste nouvelle de l'arrestation du Roi de France, de la Reine ma sœur, et de leurs enfans. Elle peut se figurer combien j'en ai été saisi, et les circonstances cruelles que j'en prévois par la suite. Je la prie d'être persuadée que, comme parent, ami, allié du Roi, et comme souverain de la monarchie autrichienne, et chef du corps germanique, je déploierai tous les moyens qui seront en mon pouvoir, et je formerai un concert entre les cours d'Espagne, Angleterre, Prusse, Naples, Sardaigne et Russie, auxquelles je me suis déjà adressé, pour faire les déclarations les plus fortes à l'assemblée nationale, et les appuyer de troupes et de moyens qui puissent assurer au Roi et à sa famille sa sûreté, sa liberté, et la constitution française; empêcher l'introduction et la propagation des systèmes qui, détruisant toute autorité, ne font que le malheur des nations.

Je suis, avec la plus haute considération, de votre Altesse, le très-affectionné serviteur.

Signé LÉOPOLD.

Monsieur mon Cousin, je dois trop à Monsieur l'abbé Lasdams pour avoir bien voulu expliquer a m'aider de ses lumières, intéressantes au bien de mes Enfans pour que je n'aie pas de tâcher de vaincre les difficultés que lui suggèrent son zèle et son empressement de retourner auprès de Votre Altesse sérénissime je lui dois cette justice et m'empresse de prier Votre Altesse de vouloir bien lui accorder, en attribuant qu'à mes démarches le delay qu'il met a voler auprès d'Elle, conseil n'a esté depuis plusieurs mois de m'en avantager les plus vives instances. J'ai cru vous et espérer que Votre Altesse n'auroit pas désapprouvé ce que j'ai fait pour le retenir et qu'elle voudra bien m'accorder de Butures a m'approuvour des circonstances qui la distinguent dans une partie aussi escentielle

Le but et les motifs seront toujours mon excuse auprès d'un aussi bon fils

que cette Altesse, pour laquelle je forme les vœux les plus sincères de même

que pour tous ce qui peut a jamais la concerne que Elle agrée je la prie

et soit bien convaincue dans sentiment constant avec lequel je lui dis

Votre Altesse Serenissime

La bonne amie et cousine
Charlotte

Le 28 avril 1792

LETTRE *du grand Duc de Russie, Paul (depuis Paul Ier), à Monseigneur le Prince de Condé.*

Pétersbourg, le 16-27 juillet 1791.

MONSIEUR,

LE prince de Nassau va joindre votre Altesse sérénissime, et je profite de cette occasion pour lui écrire, pour lui renouveler les assurances de ma sincère amitié et de mes sentimens pour elle; non que je croie qu'elle ait besoin que je les lui réitère, car elle est trop juste; mais c'est une consolation pour moi-même, et surtout dans ces temps, quels temps, grand Dieu! une consolation, dis-je, pour moi-même, que de professer les sentimens de tenir à vous et de prendre à cœur votre cause, qui devient la cause générale, qui est la mienne aussi. Si je me suis tu jusqu'alors vis-à-vis d'elle, je n'ai pas moins applaudi à tout ce qu'elle a fait durant tout ce temps. La connaissant, je la suivais dans tout ce qu'elle faisait. Plût à Dieu que mes vœux se réalisassent, et que je fusse à même d'y pouvoir contribuer! Leurs Altesses sérénissimes voudront bien agréer ici mes hommages, et elle-même, les assurances les plus positives des sentimens avec lesquels je serai toute ma vie,

Monsieur,

De votre Altesse sérénissime,

Le bien dévoué serviteur,

Signé PAUL.

LETTRE *de l'Impératrice de Russie aux Princes de Condé, de Bourbon et d'Enghien.*

St-Pétersbourg, ce 25 octobre 1791.

MESSIEURS MES COUSINS,

LES sentimens que vos Altesses sérénissimes me témoignent dans leur lettre du 24 septembre dernier, auraient seuls suffi pour justifier les marques d'intérêt et d'amitié que j'ai eu occasion de leur donner ; elles y ajoutent un nouveau titre par le zèle infatigable et la fermeté héroïque qu'elles déploient dans la cause de leur Roi opprimé. Les Condé ont été souvent les défenseurs et les soutiens des droits du trône. C'est sous un de vos aïeux que Henri IV fit le premier apprentissage des armes. Le grand Condé fonda et assura l'éclat immortel du règne de Louis XIV, par ses victoires. C'est à vos Altesses sérénissimes, qui se montrent si dignes d'ancêtres aussi glorieux, qu'il est réservé, en marchant sur leurs traces, de maintenir tout le lustre du nom qu'elles portent. J'en ai le présage dans la conduite ferme et généreuse qu'elles ont tenue jusqu'à présent; et tous les succès qu'elles en obtiendront ne surpasseront point les vœux que, dans la sincérité de mon estime et de mon affection pour elles, je forme en leur faveur. C'est dans ces sentimens que je suis,

Messieurs mes cousins,

De vos Altesses sérénissimes,

La bien affectionnée cousine.

Signé CATHERINE.

À Rome le 17 Xbre 1791

Si je pouvois me plaindre de vous, Monsieur ce seroit de
recevoir de vos nouvelles trop rarement, depuis longtems
j'espere, mes sentimens vous sont connus.

je ne me dédie pas de ma prédiction malgré tous les obstacles
qui se montrent, la cause est si bonne et la conduite en est
dans de si bonnes mains que je ne fais aucun doute de la reussite
quel plaisir j'aurai de vous revoir, et de vous savoir nôtre
libérateur.

Toutes les nouvelles que nous recevons de france deviennent
tous les jours plus affligeantes: c'est un rêve devoir on que
d'imaginer que les affaires puissent se rétablir toutes seules,
et que l'opinion commençant à changer il faut l'attendre.
que peut-on esperer des traitres?

Adieu Monsieur soyez bien persuadé je vous prie de toute
mon amitié. Marie Adelaide
mes complimens a la p.sse Louise je vous prie s.

Madame Adélaïde, tante du Roi, à Monseigneur le Prince de Condé.

A Rome, ce 17 décembre 1791.

Si je pouvais me plaindre de vous, Monsieur, ce serait de recevoir de vos nouvelles trop rarement; depuis long-temps, j'espère, mes sentimens vous sont connus. Je ne me dédis pas de ma prédiction, malgré tous les obstacles qui se montrent; la cause est si bonne, et la conduite en est dans de si bonnes mains, que je ne fais aucun doute de la réussite. Quel plaisir j'aurai de vous revoir, et de vous revoir notre libérateur !

Adieu, Monsieur. Soyez bien persuadé, je vous prie, de toute mon amitié.

Signé MARIE-ADÉLAÏDE.

Lettre *de Madame la Comtesse d'Artois
à Monseigneur le Prince de Condé.*

Turin, le 18 janvier 1792.

Je vous remercie, mon cousin, de la lettre que vous m'avez écrite avant votre départ de Worms. La date même lui donne un nouveau prix à mes yeux : j'en suis touchée, dans un moment aussi critique où vous deviez être surchargé d'affaires. Le dévouement parfait avec lequel vous servez la plus juste et la plus noble des causes, mérite la reconnaissance de toute la famille : nous serons toujours empressés, le comte d'Artois et moi, de vous témoigner les sentimens que nous vous devons en particulier, et avec lesquels je suis,

Mon cousin,

Votre très-affectionnée cousine,

Marie-Thérèse.

Turin le 18 janvier 1792

Je vous remercie, Mon cousin, de la lettre que vous m'avés écrite avant votre départ de Worms. La datte même lui donne un nouveau prix à mes yeux, je suis touchée de votre attention dans un moment aussi critique, ou vous deviés être sur-chargé d'affaires. Le dévouement parfait avec lequel vous servés la plus juste et la plus noble de causes merite la reconnoissance de toute la famille. nous serons toujours empressés, le Comte d'Artois et moi, de vous témoigner les sentiments que nous vous devons en particulier et avec les quels je suis
  Mon Cousin

  Votre très affectionée cousine
  Marie Therese

LETTRE *du Roi de Suède, à Monseigneur le Prince de Condé.*

Haga, le 20 janvier 1792.

MONSIEUR MON COUSIN,

J'ESPÈRE que vous n'oublierez pas vos amis du nord, et que si la nécessité des circonstances vous mettait dans l'embarras, vos nobles compagnons et vous ne peuvent manquer d'être reçus chez vos plus anciens amis, avec tous les sentimens dignes d'eux et de vous. J'espère que votre Altesse se souviendra qu'il se trouve en Allemagne un duché de Poméranie, acquis à la Suède par les armes de Gustave-Adolphe, et affermi sous le sceptre de sa fille par les victoires du grand Condé ! C'est, je crois, vous en dire assez, et nous devons réciproquement nous entendre. Je ne puis mieux vous assurer des sentimens constans d'amitié et de haute considération avec lesquels je suis,

Monsieur mon cousin,
De votre Altesse
Le très-affectionné cousin et ami.
Signé GUSTAVE.

Lettre *de Monseigneur le Prince de Condé au Roi de Suède.*

A Bingen, ce 28 mars 1792.

Sire,

La lettre dont V. M. m'a honoré, en date du 20 janvier, ne m'est parvenue qu'hier : ce n'est assurément pas par la négligence de M. Oxiestiern, qui nous comble tous d'attentions et d'égards; mais ce retard a été occasionné par la maladie qu'a éprouvée à Hambourg celui que V. M. avait chargé de ses ordres. Je ne saurais trouver d'expressions assez fortes, pour peindre à V. M. toute ma reconnaissance des bontés attentives et suivies dont elle m'honore avec tant de noblesse et de grâce. C'est sans doute dans le nord, Sire, que nos amis (puisque V. M. veut bien user de ce terme) nous servent le plus efficacement; c'est du nord que seront partis les premiers éclats de la foudre qui doit écraser nos atroces persécuteurs; et dès que les insensés et criminels destructeurs des religions, des rois et des peuples seront punis et dispersés, ce sera le nord qui rendra la France à l'Europe, et qui la lui rendra *telle qu'elle était*, et telle qu'elle doit être pour conserver cet équilibre politique, si nécessaire à la stabilité de tous les trônes et à l'existence de tous les empires.

Je crois comprendre, par ce que V. M. veut bien me dire sur la Poméranie, qu'elle a la bonté de m'offrir un asile dans ce pays pour mes compagnons et pour moi. Quelque sensibles que nous soyons tous à cette offre, qui nous pénètre de reconnaissance, V. M. sentira sûrement que nous ne pouvons pas nous éloigner à ce point de notre patrie, que nous voulons servir, et surtout au retour d'une saison qui va sans doute mettre au grand jour toute la force des moyens de Gustave et de Catherine, ces deux souverains si faits pour être unis par l'élévation de leur ame et la grandeur de leurs projets. Mais qu'il me soit permis de dire à V. M. que ces généreux secours deviennent, par les circonstances, plus pressés que jamais, et V. M. peut m'en croire. Je vois avec peine que la partie où les puissances projettent sans doute de nous laisser agir (car toute inaction de notre part serait impossible), m'éloigne des bords de la mer où V. M. se propose de faire son débarquement. Ç'aurait été avec la plus grande joie que la noblesse qui m'entoure aurait servi comme moi sous les ordres de V. M. Nous aurons du moins la consolation de servir la même cause, et de marquer à tous les souverains de l'Europe le profond attachement dont nous sommes pénétrés pour eux : celui que j'ai voué à V. M. s'accroît tous les jours par les bontés multipliées dont elle veut bien me combler; et si quelque chose peut ajouter au bonheur dont je jouirai, quand je reverrai mon roi sur ce trône dont on ose le faire descendre, ce sera d'avoir vu V. M. contribuer à lui rendre la couronne. Plein de confiance dans le succès des armes d'un roi si digne de l'être, dans la justesse de ses vues, dans la générosité de ses projets,

Je suis avec le plus profond respect,

Sire,

De votre Majesté,

Très-humble et très-obéissant serviteur.

Signé Louis-Joseph de Bourbon.

Peterburxoe!
Ce 16/27 Juillet 1791.

Monsieur,

Le Prince de Nassau va joindre Votre
Altesse Serenissime et je profite de cette
occasion pour lui écrire, pour Lui renouveller
les les assurances de ma sincere amitié
et de mes sentimens pour Elle, non que je
crois qu'Elle ait besoin que je les Lui réitere
car Elle est trop juste; mais c'est une
consolation pour moi même et sur tout
dans ce tems; quel tems grand Dieu!
une consolation dis-je pour moi même que
de professer ces sentimens de tems à tems
et de prendre à cœur Votre cause qui
devient la cause generale, qui est la mienne

aussi. Si je me suis tû jusqu'à ce tems vis à vis d'Elle je n'en ai pas moins applaudi à tout ce qu'Elle a fait durant tout ce tems. La connaissant je la revois dans ce qu'Elle ferait.. Plût à Dieu que mes vœux se réalisassent et que je fus à même d'y pouvoir contribuer. Leurs Altesses Sérénissimes voudront bien agréer ici mes hommages et Elle même les assurances les plus positives des sentimens avec lesquels je serai toute ma vie

    Monsieur
       de Votre Altesse Sérénissime
          le bien devoué
          serviteur
            Paul.

LETTRE *de Sa Majesté la Reine de Naples
à Monseigneur le Prince de Condé.*

MONSIEUR MON COUSIN,

JE dois trop à M. l'abbé Labdant pour avoir bien voulu acquiéscer à m'aider de ses lumières intéressantes au bien de mes enfans, pour que je n'aie pas dû tâcher de vaincre les difficultés que lui suggéraient son zèle et son empressement de retourner auprès de votre Altesse sérénissime. Je lui dois cette justice, et m'empresse de prier votre Altesse de vouloir bien la lui accorder, en n'attribuant qu'à mes démarches le délai qu'il met à voler auprès d'elle, comme il n'a cessé depuis plusieurs mois de m'en renouveler les plus vives instances. J'ai osé croire et espérer que votre Altesse n'aurait pas désapprouvé ce que j'ai fait pour le retenir, et qu'elle voudra bien m'accorder de continuer à me prévaloir des connaissances qui le distinguent dans une partie aussi essentielle. Le but et les motifs seront sûrement mon excuse auprès d'un aussi bon père que votre Altesse, pour laquelle je forme les vœux les plus sincères, de même que pour tout ce qui peut à jamais la concerner. Qu'elle agrée, je la prie, et soit bien convaincue de ce sentiment avec lequel je suis,

De votre Altesse sérénissime,

La bonne amie et cousine,

CHARLOTTE.

Naples, ce 21 avril 1792.

LETTRE *de Monseigneur le Prince de Condé à Sa Majesté Louis XVI.*

SIRE,

CE sera toujours avec le plus profond respect que je recevrai les ordres de V. M., libre ou captive, heureuse ou malheureuse. Dès que je les ai reçus, je suis venu les communiquer à M. le Comte d'Artois, non pas pour délibérer sur la réponse, mais pour la concerter avec lui, comme nous en étions convenus ensemble.

Si les attentats du 5 et du 6 octobre 1789, si les évènemens du 28 février et du 18 avril de cette année, pouvaient laisser quelque doute sur la captivité de V. M., l'ordre que je viens de recevoir suffirait pour l'attester aux yeux de l'Europe entière. Est-il un caractère de contrainte plus marqué, que de voir un prisonnier défendre à sa famille en pleurs de travailler à sa délivrance ? Cet abandon de votre personne, Sire, ce dévouement sans exemple, inconnu des Charles VII et des Henri IV, et qu'on inspire à V. M., n'est qu'un piége qu'on tend à sa vertu. Qu'elle daigne jeter un regard sur l'état de la France, elle verra que la captivité de son Roi, l'anéantissement de son autorité légitime, jettent sur ce vaste et malheureux royaume un voile funèbre et sanglant. Il est de notre devoir de le lever, puisque V. M. n'en a pas le pouvoir elle-même. On nous accuse auprès d'elle de vouloir la guerre civile. Non, Sire, nous ne la voulons point : puissent tous les maux qu'elle entraîne retomber sur la tête de ceux qui la commandent autant qu'il est en eux ! Nous ne voulons que le retour de l'ordre, le bonheur de la France, et la liberté de notre souverain.

Qu'eussions-nous fait, que serions-nous encore à la place qui nous est due, et que tant de siècles semblaient nous assurer auprès de notre Roi ? En nous dévouant à l'ignominie qu'on s'efforce d'accumuler sur les têtes les plus augustes, nous partagerions seulement la captivité de notre monarque. Ce serait sans doute un soulagement pour nos cœurs : mais le supplice continuel d'être les témoins de ses malheurs, et de nous trouver dans l'impuissance de l'y soustraire, serait au-dessus de nos forces ; ce serait approuver, autoriser en quelque sorte, par notre présence, et par un silence coupable, l'avilissement de

notre race, la perte de notre patrie, et les
manœuvres affreuses de ces séditieux dont la
criminelle audace ose présenter à la nation
trompée l'irréligion comme la saine philosophie, le mensonge comme la vérité, la violence comme la justice, et l'anarchie comme
le bonheur. Non, Sire, il est encore de notre
devoir de suivre les exemples et les ordres
de votre auguste frère, de nous absenter de
notre patrie, mais de ne pas nous en éloigner;
pour saisir le premier moment de repentir
de vos peuples, et tomber à vos pieds avec
eux.

Ah! que la royauté paraisse dans tout
son éclat! elle dissipera bientôt les ténèbres
épaisses dont la France est enveloppée. Que
la nation veuille bien être elle-même, et tout
sera bientôt réparé. Ses yeux sont fascinés
sans doute, mais les cœurs ne sont point corrompus. Cet amour pour ses souverains qui
lui faisait tant d'honneur a paru s'affaiblir un
moment, mais il n'est point éteint: vous le
retrouverez, ô le plus vertueux des rois, quand
il vous sera libre d'y avoir recours. Qu'on
vous rende à cette garde fidèle, qui s'est si
généreusement sacrifiée pour vous, et qui
manque à votre dignité. Paraissez avec elle

au milieu de vos provinces. Que le tumulte des armes populaires disparaisse à jamais de tous les lieux où vous viendrez apporter la paix et le bonheur, rassembler successivement vos peuples autour de vous, assurer d'une main ferme, mais bienfaisante, leurs véritables droits et les vôtres. Que l'ordre et la justice renaissent partout sous vos pas. Avec quel empressement nous volerons alors à votre voix, à celle de la nation, nous confondre avec elle, vous entourer de notre fidélité, de notre amour! Non, le fils le plus tendre n'est pas plus soumis au meilleur des pères, que les princes de votre sang ne le seront toujours au chef illustre de leur maison : il sera le bienfaiteur de ses sujets dès qu'ils lui laisseront la liberté de l'être.

Louis-Joseph de Bourbon.

Monsieur Mon Cousin. Le Duc de Richelieu m'a rendu la lettre que Votre Altesse Serenissime a bien voulu m'écrire en date du 29 Octobre passé. Quelque accoutumée que je sois aux détails affligeants qui me parviennent depuis longtems de la position desagreable des Emigrés françois, le tableau que Vous me presentés de leur etat actuel m'a vivement emue. Ayant constament rendu justice au dévouement de cette Noblesse infortunée, je l'ai soutenue autant que ma position me l'a permis et mes voeux sinceres ont toujours accompagné ses efforts. Je conçois que les severs imprevus de la Campagne passée joints a tant de Souffrances puissent avoir ébranlé leur perseverance, mais je ne saurois me permettre d'envisager l'etat actuel des choses come absolument desesperé et encore

moins me refuser a l'espoir de voir la
Monarchie Françoise se relever sur les ruines
de l'anarchie et du Jacobinisme à la suite
des efforts redoublés que les Puissances coalisées
se proposent de faire au Printems prochain.
Si neanmoins les circonstances facheuses qui
environnent les Emigrés, le defaut des moyens
et l'abbattement dans lequel ils se trouvent,
rendent leur position actuelle absolument
insoutenables, je ne balancerai pas d'adherer
a leurs voeux formellement exprimés dans
la lettre de Votre Altesse Serenissime et de
leur accorder un Azyle dans mon Empire.
J'ai fait remettre au Duc de Richelieu un
plan qui contient mes intentions a cet égard
et je lui ai dit de Vous le communiquer. C'est
avec une veritable satisfaction que je me
charge de donner un Etat honorable a ses in=

fortunés et de réparer au moins en partie leurs pertes. L'attachement constant qu'ils ont temoigné pour leur malheureux Monarque m'est un sur garant de celui qu'ils auront pour moi et mon Empire. Si Votre Altesse Serenissime se decide a se mettre a leur tête, Elle peut être sure de l'accueil distingué qu'Elle trouvera dans mes Etats. Si sa Naissance, sa reputation et ses qualités personnelles que j'ai su apprecier depuis longtems ne lui assuroient la reception la plus flatteuse à ma Cour, Ses malheurs et le courage avec lequel Elle a luté contre l'infortune, lui donneroit des droits bien fondés a mon amitié et a mon assistance. Votre Altesse Serenissime trouvera en moi la Loyauté et la franchise que j'ai

dre ont tous ceux caracterisé ma conduite
Je me felicite d'avance de l'acquisition que
je pourrai faire et qui consolidera encore plus
les Sentimens de la consideration distinguée
avec laquelle je Suis

  Monsieur Mon Cousin

    de Votre Altesse Serenissime

      La bonne et tresaffec=
      tioneé Cousine

       Catherine

a St. Petersbourg
ce 7 Decembre
1792.

LETTRE *de l'Impératrice de Russie, Catherine II, à Monseigneur le Prince de Condé.*

A Saint-Pétersbourg, ce 7 décembre 1792.

MONSIEUR MON COUSIN,

LE duc de Richelieu m'a rendu la lettre que votre Altesse sérénissime a bien voulu m'écrire, en date du 29 octobre passé. Quelque accoutumée que je sois aux détails affligeans qui me parviennent depuis long-temps de la position désagréable des émigrés français, le tableau que vous me présentez de leur état actuel m'a vivement émue. Ayant constamment rendu justice au dévouement de cette noblesse infortunée, je l'ai soutenue autant que ma position me l'a permis, et mes vœux sincères ont toujours accompagné ses efforts. Je conçois que les revers imprévus de la campagne passée, joints à tant de souffrances, puissent avoir ébranlé leur persévérance; mais je ne saurais me permettre d'envisager l'état actuel des choses comme absolument désespéré, et encore moins me refuser à l'espoir de voir la monarchie française se relever sur les ruines de l'anarchie et du jacobinisme, à la suite des efforts redoublés que les puissances coalisées se proposent de faire au printemps prochain. Si néanmoins les circonstances fâcheuses qui environnent les émigrés, le défaut de moyens et l'abandon dans lequel ils se trouvent rendent leur position actuelle absolument insoutenable, je ne balancerai pas d'adhérer à leurs vœux formellement exprimés dans la lettre de V. A. S., et de leur accorder un asile dans mon empire. J'ai fait remettre au duc de Richelieu un plan qui contient mes intentions à cet égard, et je lui ai dit de vous le communiquer. C'est avec une véritable satisfaction que je me charge de donner un état honorable à ces infortunés, et de réparer au moins une partie de leurs pertes : l'attachement constant qu'ils ont témoigné pour leur malheureux Roi m'est un sûr garant de celui qu'ils auront pour moi et mon empire. Si V. A. S. se décide à se mettre à leur tête, elle peut être sûre de l'accueil distingué qu'elle trouvera dans mes États. Si sa naissance, sa réputation et ses qualités personnelles, que j'ai su apprécier depuis longtemps, ne lui assuraient la réception la plus flatteuse à ma cour, ses malheurs et le courage avec lequel elle a lutté contre l'infortune lui donneraient des droits bien fondés à mon amitié et à mon assistance. V. A. S. trouvera en moi la loyauté et la franchise qui, j'ose dire, ont toujours caractérisé ma conduite. Je me félicite d'avance de l'acquisition que je pourrai faire, et qui consolidera encore plus les sentimens de la considération distinguée avec laquelle je suis,

Monsieur mon cousin,

De votre Altesse sérénissime,

La bonne et affectionnée cousine,

CATHERINE.

LETTRE *du Prince de Condé à l'Impératrice de Russie.*

Au quartier-général de Villingen, ce 2 janvier 1795.

MADAME,

Les expressions me manquent pour peindre à votre Majesté Impériale le sentiment profond de la vive et respectueuse reconnaissance dont je suis pénétré, en lisant la lettre dont dont elle m'a honoré, par le retour du duc de Richelieu. Toute la noblesse qui m'entoure me charge de mettre aux pieds de votre Majesté Impériale l'hommage de sa sensibilité pour tous les bienfaits qu'elle lui prépare, et m'a prié de lui faire agréer la lettre qui lui sera remise par le comte de Subow.

Il n'appartenait qu'à l'illustre Catherine de joindre à tout l'éclat de la magnificence les tendres soins de la bienfaisance la plus recherchée. Nous nous rendrons, Madame, avec empressement aux lieux que votre bonté nous destine, si le sort nous condamne à ne plus voir notre roi sur son trône et dans la plénitude de son autorité. Votre Majesté Impériale veut bien m'annoncer elle-même, qu'elle ne désespère pas du succès de notre cause. C'est nous ordonner, ce que nous aurions pris la liberté de lui demander, de nous mettre en mouvement pour jouir de ses bienfaits, au moment où les efforts généreux des puissances seraient décidement infructueux pour le but que nous nous proposons. Votre Majesté Impériale daigne honorer notre conduite de son suffrage et de sa protection depuis trois ans. C'est donc nous rendre plus dignes de ses bontés que d'y mettre la suite que notre fidélité nous commande. Plus les efforts des souverains sont grands, plus il y a lieu d'espérer que la cause sera bientôt décidée. Si le sort des armes force les puissances à l'affreuse nécessité de reconnaître la république, ou de consentir à l'abolition de la noblesse en France, je ne perdrai pas un moment, avec ma famille, une grande partie de la noblesse française et tous les royalistes qui voudront me suivre, à profiter des bontés et des avantages que votre Majesté Impériale veut bien nous offrir si généreusement. S'il est une consolation pour les sujets fidèles qui perdent leur Roi, ce ne peut être que de se ranger sous les lois d'une illustre bienfaitrice qui veut bien adopter leur zèle, leur courage, et leur faire retrouver une mère tendre au lieu d'un père adoré.

Pénétré, en mon particulier, des bontés de Votre Majesté Impériale pour moi et pour mes enfans, je tâcherai de justifier toute ma vie la bonne opinion qu'elle veut avoir de moi. Si les circonstances nous destinent à vivre sous ses lois, je remets entièrement leur sort et le mien entre les mains augustes de Votre Majesté Impériale. Exister dignement par vous, Madame, et pour vous, sera notre seule ambition, et jamais nous ne chercherons le bonheur que dans la soumission a plus absolue à vos volontés. C'est avec la sensibilité la plus vive, la reconnaissance la plus vraie, l'attachement le plus inviolable et l'admiration la mieux fondée, que je mets aux pieds de Votre Majesté Impériale l'hommage du très-profond respect avec lequel je suis,

Madame,

De votre Majesté Impériale,

Le très-humble et très-obéissant serviteur,

Louis-Joseph de Bourbon.

LETTRE *de S. A. R.* Monsieur (*S. M. Louis XVIII*), *à Monseigneur le Prince de Condé.*

A Ham, ce 28 janvier 1793.

MON COUSIN, vous êtes sans doute instruit du nouveau crime qui vient de mettre le comble à nos malheurs (1). Je juge de votre douleur et de celle de vos enfans par celle que j'éprouve moi-même. Mais ce n'est point par de stériles larmes que nous devons honorer la mémoire du Roi mon frère, il faut servir son fils comme nous l'avons servi lui-même, et venger au moins le sang que nous n'avons pu empêcher d'être versé. J'ai pris le titre de Régent du royaume, que la minorité du Roi Louis XVII mon neveu ne me permettait plus de différer à prendre ; j'ai nommé le comte d'Artois lieutenant général du royaume, et je ne ferai pas aux puissances, à qui j'en ai fait part, l'injure de douter qu'elles reconnaissent ces titres, et les appuient de tous leurs efforts. Mais ma plus ferme espérance sera toujours dans l'union indissoluble des

---

(1) L'assassinat de Louis XVI.

princes du sang royal, et dans le courage de cette brave noblesse, de ces généreux Français de tous les ordres, qui ont tout bravé pour rester fidèles à l'honneur et à leurs devoirs. Je vous envoie copie de la lettre que je leur adresse; vous voudrez bien en faire part au corps dont nous vous avons confié le commandement. Je n'écris point à vos enfans en particulier, mais je les prie de regarder cette lettre comme leur étant commune.

Je suis,

Mon cousin,

Votre très-affectionné cousin,

Louis-Stanislas-Xavier.

LETTRE *de Monseigneur le Prince de Condé au Roi de Prusse.*

A Villingen, ce 28 janvier 1793.

SIRE,

Dans l'état affreux où me plonge l'horrible nouvelle que je reçois de Paris (1), il ne faut pas moins que l'avis important que je joins ici, pour me forcer à m'occuper d'autre chose que de l'affreuse atrocité qui vient de se commettre, et qui peut faire croire à d'autres. Le papier que j'ai l'honneur d'envoyer à votre Majesté a été porté de Strasbourg à Bâle, par un exprès, avec injonction de me le faire passer tout de suite : il n'y a que quelques heures que je l'ai reçu. Je souhaite de toute mon ame que le fait ne soit pas vrai ; mais, dans un temps comme celui-ci, je me reprocherais éternellement, de n'en avoir pas fait passer l'avis à votre Majesté. C'est du sein de la douleur la plus profonde, que j'ai l'honneur de présenter à votre Majesté le très-profond respect, avec lequel je suis,

SIRE,

De votre Majesté, le très-humble et très-obéissant serviteur,

Signé L. J. DE BOURBON.

―――――

(1) La mort de Louis XVI.

Lettre *de M. le Comte d'Artois à M. le Prince de Condé.*

Ham, ce 30 janvier 1793.

Je n'essaierai pas, mon cher cousin, de vous peindre la profonde et déchirante douleur dont je suis accablé; mais vous connaissez mon cœur, et vous sentirez vous-même tout ce qu'il éprouve. Mon unique consolation est la certitude d'avoir tout fait, tout employé, pour servir mon malheureux frère; et mon unique soutien est dans le besoin que j'ai de le venger.

Unissons nos larmes pour pleurer le Roi que nous venons de perdre ; mais redoublons nos efforts pour délivrer celui que nos tyrans continuent de retenir dans les fers. C'est le devoir que tous nos sentimens nous prescrivent, et nous les remplirons jusqu'à la mort.

Monsieur vous fait part de sa déclaration de régence, et de la marque de confiance qu'il me donne : je m'en rendrai digne en donnant à tous les Français l'exemple de l'obéissance, de la subordination, et d'une soumission sans réserve à l'autorité légitime.

Adieu, mon cher cousin : ne doutez jamais de mes tendres sentimens pour vous.

Signé Charles-Philippe.

P. S. Chargez-vous, je vous prie, de parler à vos enfans de mon amitié pour eux : je suis bien sûr qu'ils partageront ma trop juste douleur.

LETTRE *du Roi de Prusse à M. le Prince de Condé.*

Francfort, le 2 février 1793.

MONSIEUR MON COUSIN,

C'est avec une reconnaissance bien vive que j'ai reçu la lettre de votre Altesse Royale, et l'avis important qu'elle y joint. Dans le cruel état où son ame doit se trouver, et que je ne partage que trop avec elle, son empressement fait foi d'une amitié qui m'est bien chère. J'aime à croire encore que la nouvelle qu'elle me communique pourrait n'être pas fondée, et partir seulement des alarmes de personnes honnêtes, effrayées des crimes de nos jours, et les voyant se reproduire partout ; mais, quoi qu'il en soit, il vaut mieux sans doute, dans des cas pareils, être instruit du plus loin qu'on peut l'être; et le zèle amical d'un prince que j'estime à tant de titres n'est jamais indifférent à mon cœur. Je n'entreprends pas de rien ajouter sur l'événement qui déchire le vôtre, mon prince : il n'est pas d'expression qui en rende l'atrocité; et j'en suis trop affecté moi-même pour pou-

Monsieur mon cousin

C'est avec une reconnaissance bien vive que j'ai reçu la lettre de Votre Altesse Royale et l'avis important qu'elle y joint. Dans le cruel état où Son ame doit se trouver et que je ne partage que trop avec Elle, Son empressement fait foi d'une amitié qui m'est bien chère. J'aime à croire encore que la nouvelle qu'Elle me communique pourrait n'être pas fondée et partir seulement des alarmes de personnes honnêtes, effrayés des crimes de nos jours et les voyant se reproduire partout; mais quoiqu'il en soit, il vaut mieux dans doutes dans des cas pareils être instruit du plus loin qu'on peut l'être, et le zèle amical d'un prince que j'estime à tant de titres, n'est jamais indifférent à mon cœur. Je n'entreprendrai pas de rien ajouter ici sur l'évènement qui déchire le vôtre, mon prince. Il n'est pas d'expression qui en rendit l'atrocité, et j'en suis trop affecté moi même pour pouvoir offrir à d'autres des consolations dont ma propre douleur a besoin.

Je suis avec des sentimens parfaits d'estime et d'amitié, Monsieur mon cousin

De Votre Altesse Royale

Francfort le 9 février 1793

le bon cousin

Fréd. Guillaume

A Son Altesse Royale Monsieur Louis Joseph duc de Bourbon à Wellingen voir offrir à d'autres des consolations dont ma propre douleur a besoin.

Je suis, avec des sentimens parfaits d'estime et d'amitié, monsieur mon cousin,

De votre Altesse Royale,

Le bon cousin.

Signé FRÉDÉRIC GUILLAUME.

A son Altesse Royale Louis-Joseph de Bourbon, à Villingen.

LETTRE *de la Reine de Sardaigne, sœur du Roi, à M. le Prince de Condé.*

A Turin, ce 28 février 1793.

Mon Cousin, j'ai reçu, avec bien de la sensibilité, la lettre que vous m'avez écrite, dans la circonstance la plus douloureuse pour mon cœur. Je ne doutais pas de la profonde affliction que vous en aviez aussi, connaissant si bien vos sentimens, et votre attachement particulier pour nos trop malheureux parens. Celui que nous venons de perdre, d'une façon si inique et si barbare, est actuellement notre protecteur auprès de Dieu. Mon unique consolation, c'est l'assurance de son bonheur éternel, et l'espérance qu'il nous obtiendra de la miséricorde divine la fin de nos malheurs. Recevez, je vous prie, mes remercîmens du souvenir que vous voulez bien conserver de moi, et l'assurance des sentimens sincères et affectueux avec lesquels je suis,

Votre affectionnée cousine,
MARIE-CLOTILDE.

À Turin ce 28 Février 1793,

Mon Cousin, J'ai reçue avec bien de la sensibilité, la lettre que vous m'avez écrit, dans la circonstance la plus douloureuse pour mon cœur, je ne doutais pas de la profonde affliction que vous en auriez aussi, connaissant si bien vos sentiments, et votre attachement particulier pour nos trop malheureux Parents, celui que nous venons de perdre d'une façon si inique et barbare, est certainement actuellement notre Protecteur auprès de Dieu, mon unique consolation en l'assurance de son bonheur éternel, et l'espérance qu'il nous obtiendra de la Miséricorde Divine, la fin de nos malheurs.

Recevez, je vous prie, mes remerciements du souvenir que vous voulez bien conserver de moi, et les assurances des sentiments sincères et affectueux avec lesquels je suis

Votre affectionnée Cousine
Marie Clotilde

LETTRE de Monsieur (*S. M. Louis XVIII*), *Régent du royaume*, à *M. le Prince de Condé.*

A Ham, ce 23 octobre 1793.

MON COUSIN, vous avez sans doute appris le crime affreux que les régicides viennent d'ajouter à tous leurs crimes. Je vous prie de remettre à la brave noblesse, et à tous les Français fidèles qui sont sous vos ordres, la lettre ci-jointe (1), où j'ai tâché d'exprimer les sentimens dont nous sommes animés. Ces sentimens seront sans doute partagés par toute l'armée autrichienne : l'horrible assassinat de la fille de Marie-Thérèse ne peut être que profondément senti par ceux qui ont si bien servi son auguste mère, et la douleur et l'indignation seront égales entre eux et nous. Je ne vous parle pas de tout ce que mon cœur éprouve, il vous sera facile d'en juger par le vôtre.

Je suis, mon cousin,

Votre très-affectionné cousin,

LOUIS-STANISLAS-XAVIER.

---

(1) Adresse de S. A. R. *Monsieur*, Régent du royaume, à l'armée.

Adresse *de S. A. R.* Monsieur, *Régent du royaume, à l'Armée.*

A Ham, ce 23 octobre 1793.

Messieurs, je reçois dans l'instant la nouvelle de l'horrible attentat qui vient de terminer les jours de la Reine, ma belle-sœur. La douleur et l'indignation qu'il me cause ne peuvent être adoucies que par la part que vous y prendrez : vrais Français et sujets fidèles, nous devons sentir doublement l'horreur de ce crime. C'est en redoublant de zèle pour le service de notre jeune et malheureux Roi, que nous pouvons lui rendre, un jour, moins amères des pertes si cruelles, et faire disparaître la tache que des monstres veulent imprimer sur le nom français. Tels sont, j'en suis bien sûr, les sentimens qui vous animent ; tels sont ceux que nous conserverons, mon frère et moi, jusqu'à notre dernier soupir ; tel est le but vers lequel tendent tous nos efforts, et pour lequel le sacrifice de notre vie ne nous coûterait rien.

Recevez, Messieurs, l'assurance de tous mes sentimens pour vous.

Louis-Stanislas-Xavier.

LETTRE *de M. le Comte d'Artois au Prince de Condé.*

Ham, 23 octobre 1793.

JE n'ajouterai rien, mon cher cousin, à ce que *Monsieur* vous mande aujourd'hui et à ce qu'il vous charge de dire à la noblesse, de sa part comme de la mienne. Vous connaissez assez mon cœur pour savoir à quel point il est déchiré par ce nouveau crime (1). Mais plus mon ame est révoltée, plus elle trouvera de force pour venger ce que la providence ne nous permet plus de défendre.

Adieu, mon cher cousin. Tous vos braves compagnons d'armes partageront comme nous la juste douleur et tous les sentimens qui m'animent. Comptez, à la vie, à la mort, sur ma tendre amitié.

CHARLES-PHILIPPE.

―――――――――――――――

(1) La mort de la Reine.

LETTRE *de Monseigneur le Prince de Condé à Monseigneur le Comte d'Artois.*

A Bentzheim, ce 26 octobre 1795.

La lettre que j'ai reçue de vous, Monsieur, et dont le contenu m'était annoncé par celle de *Monsieur*, m'a fait le plus grand plaisir. Vous voilà donc sûr d'être enfin à la place qui vous est due à tant de titres, et de vous voir à la tête d'un rassemblement nombreux de Français fidèles à leur Dieu et à leur Roi. Je désirerais bien que vous y fussiez plus tôt que plus tard.

Les lettres de Paris ne nous permettent plus de douter de l'affreuse catastrophe qui a fini les tristes jours de la plus malheureuse des femmes et des reines : c'est dans l'amertume de mon cœur, que je vous en fais mon compliment ; et j'espère que vous ne doutez pas de toute la part que je prends à votre juste et sincère douleur. Que d'atrocités, grand Dieu ! Est-il permis que nous n'en puissions pas encore entrevoir le terme ! Permettez-moi de me référer, sur notre position, à ce que je mande par le même courrier à *Monsieur*. Malgré nos succès, il m'est impossible de prévoir encore quels seront les événemens de la fin de la campagne, si elle en a une. Quels qu'ils puissent être, Monsieur, quel que soit notre sort, de quelque manière qu'il vous plaise à tous deux de disposer de moi, mes vœux vous suivront partout, ainsi que la constance et la vérité de l'attachement et du respect que j'ose me flatter que vous me connaissez pour vous.

Signé **L. J. DE BOURBON.**

LETTRE *de Monseigneur le Prince de Condé à Monseigneur le Comte d'Artois.*

A Mintversheim, ce 3 novembre 1793.

Quelque prévu, Monsieur, que fût l'atroce évènement que nous venons de voir, il ne m'en a pas moins causé l'horreur la plus affreuse, l'indignation la plus profonde, la douleur la plus vraie ; et je ne saurais vous exprimer à quel point je partage tout ce que vous éprouvez. Je me suis acquitté de votre commission pour la noblesse ; et elle me charge de mettre à vos pieds tout son attachement, toute sa sensibilité, toute son ardeur *à venger* ce que nous ne pouvons plus *défendre*. Je suis, en mon particulier, plus sensible que je ne puis vous le dire, aux termes de la fin de votre lettre, qui, permettez-moi cette expression, *sent le Henri IV*, à faire le plus grand plaisir : il n'est pas nécessaire d'être Roi pour chercher à l'imiter, il suffit d'être Bourbon. Vous nous guiderez, Monsieur, dans le chemin de l'honneur et de la gloire, et de la soumission à l'autorité légitime ; et je crois pouvoir vous assurer que mes enfans et moi nous nous conduirons *en bons cadets*, ainsi que le disait un de mes pères à votre immortel aïeul dont je viens de parler.

Que j'aurai de choses à vous dire, Monsieur, quand je serai assez heureux pour vous revoir! Daignez recevoir, en attendant, les assurances de l'attachement le plus constant, le plus pur, et du plus tendre respect.

Signé L. J. DE BOURBON.

LETTRE *de l'Empereur d'Autriche,*
François II, au Prince de Condé.

A Vienne, ce 28 décembre 1795.

MONSIEUR MON COUSIN, mon général de cavalerie, le comte de Wurmser, m'a rendu compte en diverses occasions, et principalement dans la relation de la journée du 2 de ce mois (1), de la haute valeur, des grands talens militaires, que votre Altesse ne cesse de déployer dans cette guerre contre les ennemis sacriléges de la religion, du trône et de tout bonheur social. Le comte de Wurmser a rendu en même temps justice aux preuves multipliées d'intrépidité et de bonne conduite des corps français fidéles qui combattent sous les ordres de votre Altesse. Ces témoignages ne peuvent que redoubler mes sentimens pour un prince, digne héritier de la gloire de ses ancêtres, et mon intérêt pour une noblesse dont la bravoure égale l'infortune et s'accroît encore. Je n'en désire qu'avec plus d'ardeur que les efforts des puissances coalisées par-

---

(1) Les affaires de Berstheim.

viennent enfin à mettre un terme aux maux extrêmes de la France, et que je trouve dans un événement aussi désirable une nouvelle occasion de prouver à votre Altesse l'estime particulière avec laquelle je suis, etc.

Signé FRANÇOIS.

LETTRE *do Monseigneur le Comte d'Artois à Monseigneur le Prince de Condé.*

Ham, le 8 décembre 1793.

Avec quel intérêt, et quelle joie mêlée de douleur, j'ai lu, mon cher cousin, les détails des journées des 1 et 2 décembre. La noblesse française est trop connue de l'univers pour que rien puisse ajouter à sa juste renommée; mais elle se couvre d'une nouvelle gloire sous vos ordres, et j'en jouis autant pour vous que pour elle. Dites de ma part, à vos intrépides compagnons d'armes que si l'honneur ne m'appelait pas ailleurs, et que si un devoir pénible, mais nécessaire, ne me retenait pas ici, rien ne pourrait me consoler de n'avoir pas partagé avec eux les dangers de cette mémorable journée, et de n'avoir pas vu couler mon sang avec celui de votre excellent fils. J'en verse des larmes de regret; mais la noblesse française doit compter sur moi comme je compte sur elle, et je réponds de la bien servir, etc.

Signé Charles-Philippe.

Lettre *de* Monsieur (*S. M. Louis XVIII*), *Régent du royaume, à Monseigneur le Prince de Condé.*

à Turin, ce 28 décembre 1793.

Ce n'est qu'en arrivant ici, mon cher cousin, que j'ai reçu avec quelque certitude la nouvelle de la glorieuse affaire du 2 de ce mois dont un bruit vague m'avait entretenu sur mon chemin. Il me serait difficile de vous exprimer la joie qu'elle m'a causée. Ce n'est pas assurément que je doutasse de ce que peut la valeur de la noblesse française; mais il était temps que les rebelles sussent ce qu'elle peut toute seule, et l'affaire même de Berstheim ne le leur avait appris qu'imparfaitement. Cette joie serait cruellement empoisonnée, s'il me restait la moindre inquiétude sur la blessure de votre fils : mais, tranquille à cet égard, je vous félicite, et de cette blessure même, et de la conduite que son fils et lui ont tenue. Jouissez, mon cher cousin, de cette belle journée, comme bon Français, comme

---

(1) L'affaire Berstheim.

général, comme vaillant chevalier, et comme père. Pour moi, indépendamment de ma tendre amitié pour vous, et du bien de l'État, je dois vous avouer que mon amour propre jouit de voir trois héros de mon sang, où jusqu'à présent je n'étais sûr d'en trouver qu'un. Mais mon sentiment pour vous ne doit pas me faire oublier cette brave noblesse qui s'est si fort distinguée sous vos ordres : parlez-lui bien du double plaisir que je ressens de sa conduite, et comme gentilhomme français, et comme régent du royaume. Adieu, mon cher cousin : vous connaissez bien toute mon amitié pour vous.

Signé LOUIS-STANISLAS-XAVIER.

Lettre de Monsieur (S. M. Louis XVIII), au Duc de Bourbon.

Turin, le 28 décembre 1793.

Je reçois en arrivant ici, mon cher cousin, la nouvelle certaine de la gloire que vous venez d'acquérir et de la blessure que vous avez reçue. Cette dernière aurait empoisonné toute la joie de la première, si je n'avais su en même temps qu'elle n'est pas dangereuse. Je vous avoue que je vous l'envie : cependant je vous aime trop sincèrement pour ne pas vous en féliciter de tout mon cœur, en souhaitant cependant que pareille chose ne vous arrive plus. Ce n'est ni comme parent ni comme ami que je vous parle ainsi ; c'est comme Régent du royaume, c'est parce que je sais mieux que personne la perte que l'État ferait en vous perdant.

Adieu, mon cher cousin. Puissiez-vous être bientôt guéri, et voler à de nouvelles victoires ! Vous connaissez ma tendre amitié pour vous.

Louis-Stanislas-Xavier.

Lettre *de* Monsieur, *Régent du royaume, à Monseigneur le Duc d'Enghien.*

A Turin, ce 28 décembre 1793.

J'ai appris, mon cher cousin, avec un plaisir que mon amour pour mon sang, et l'amitié que vous me connaissez pour vous, vous expliqueront facilement, la gloire que vous avez acquise à la journée du 2 de ce mois. Vous êtes à l'âge et vous portez le nom du vainqueur de Rocroy; son sang coule dans vos veines; vous venez de retracer sa valeur; vous avez devant les yeux l'exemple d'un père et d'un grand-père au-dessus de tous les éloges : que de motifs d'espérer que vous serez un jour la gloire et l'appui de l'État ! Vous pouvez croire, vous aimant comme je le fais, que je jouis bien sincèrement de ces heureux présages. Adieu, mon cher cousin. Soyez bien persuadé de toute mon amitié pour vous.

Signé Louis-Stanislas-Xavier.

Lettre *de Monseigneur le Duc de Berry à Monseigneur le Prince de Condé.*

Ham, ce 27 juin 1794,

Monsieur mon cousin, je ne puis vous exprimer la joie que j'ai éprouvée, lorsque mon père m'a annoncé que j'allais servir sous vos ordres ; j'ai une bien grande impatience de vous revoir, ainsi que tous les braves gentilshommes que vous commandez : je suis gentilhomme comme eux, et c'est un titre dont je m'honore ; et j'espère que vous trouverez en moi la même soumission et le même zèle.

C'est avec ces sentimens que je suis, Monsieur mon cousin,

Votre très-affectionné cousin,

Charles-Ferdinand.

LETTRE *de l'Impératrice de Russie à Monseigneur le Prince de Condé.*

Pétersbourg, le 27 août 1794.

MON COUSIN, connaissant les sentimens généreux qui animent votre Altesse sérénissime, je suis persuadée que, persistant dans son humble dévouement à la cause pour laquelle elle a jusqu'ici combattu si glorieusement, elle continuera à lui consacrer cette valeur, cette fermeté et ces talens militaires qui lui ont mérité l'estime de toute l'Europe et la confiance entière de la brave noblesse qui marche sous sa bannière, au milieu des motifs du bien général, de l'humanité, qui me font vivement désirer la réussite la plus parfaite de l'entreprise à laquelle votre Altesse sérénissime s'est destinée à prendre part. Je la prie de croire que l'intérêt particulier que sa personne m'inspire y tient une place aussi distinguée que le sont la parfaite considération et la sincère bienveillance avec laquelle je suis,

Mon cousin, de votre Altesse la bien bonne cousine,

Signé CATHERINE.

Lettre de Monseigneur le Prince de Condé à l'Armée.

A Rottenbourg, ce 8 mars 1795.

Mes braves amis et compagnons, le tendre intérêt que je n'ai cessé de prendre à vous, me fait jouir avec bonheur de l'heureux changement que je puis enfin vous annoncer. L'Empereur me fait dire, avec toutes sortes de bontés, qu'il est bien fâché que les circonstances ne lui aient pas permis d'augmenter plus tôt un corps pour lequel il a tant d'estime ; qu'il va nous employer plus utilement à la cause commune ; et que c'est avec plaisir qu'il m'annonce que je peux m'entendre avec M. le comte de Clerfayt, pour faire toutes les augmentations que je croirai possibles. En conséquence, je compte avoir incessamment une entrevue avec ce général, dont la réputation est si bien établie, et qui m'écrit de son côté la lettre la plus honnête. Redoublons de reconnaissance pour un souverain qui nous soutient depuis si long-temps, avec tant de constance et de générosité. Notre zèle pour servir sous ses ordres la cause de notre Roi sera recompensé tôt ou tard ; je me plais à l'espérer :

mais n'oubliez pas, vous tous qui m'êtes si chers, que la valeur ne suffit pas à l'honneur, et que ce sentiment, dont vous êtes si pénétrés, vous impose la loi de donner l'exemple de la sagesse et de la subordination, comme vous donnez celui de la patience et de la fidelité. Je ne doute pas que vous ne sentiez, dans le fond de vos cœurs la nécessité de ce que je vous recommande, pour ajouter encore à l'estime que vous avez su mériter en tant d'occasions. Je vous désire trop tous les genres de succès, pour ne pas chercher à vous les procurer par les conseils de l'intérêt que je vous dois, et par les mesures de fermeté que je me dois à moi-même.

Signé L. J. DE BOURBON.

LETTRE *de l'Impératrice de Russie à son Altesse Sérénissime le Prince de Condé.*

Saint-Pétersbourg, le 20 avril 1793.

MONSIEUR MON COUSIN, la lettre que votre Altesse sérénissime à bien voulu m'écrire le 17 novembre de l'année passée, ne m'est parvenue que depuis quelques jours. Je serais bien fâchée si ce retard avait contribué à entretenir le doute qu'elle m'y témoigne sur la constance des résolutions que je lui avais annoncées précédemment, par rapport à sa personne, à sa famille et au corps de noblesse qui s'est attaché à elle. Je la prie de se rassurer à cet égard, et d'être bien persuadée que mes intentions, une fois déclarées, sont irrévocables, et que j'aurai autant de plaisir à remplir les espérances que je lui avais données, que de regrets de la voir dans le cas d'y recourir, ce dernier ne répondant guère aux vœux que j'ai toujours formés pour le bonheur de la France et celui de votre Altesse sérénissime. Mais si la providence en ordonne ainsi, votre Altesse peut être assurée qu'elle me trouvera empressée à lui offrir toutes les consolations dont je serai capable, et de lui procurer des avantages dignes de sa naissance, de son courage et de ses autres vertus...

Je suis avec une parfaite estime et une sincère bienveillance,

Monsieur mon cousin,

De votre Altesse Sérénissime, la bien affectionnée cousine,

CATHERINE.

LETTRE *du roi Louis XVIII à Monseigneur le Prince de Condé.*

A Vérone, ce 24 juin 1795.

MON COUSIN, je suis touché, comme je dois l'être, des sentimens que vous m'exprimez au sujet de la perte irréparable que je viens de faire en la personne du Roi, mon seigneur et neveu. Si quelque chose peut adoucir ma juste douleur, c'est de la voir partagée par ceux qui me sont chers à tant de titres. La France perd un Roi dont les heureuses qualités que j'avais vues se développer dès sa plus tendre enfance, annonçaient qu'il serait le digne successeur du meilleur des Rois; il ne me reste plus qu'à implorer le secours de la divine providence pour qu'elle me rende digne de dédommager mes sujets d'un si grand malheur. Leur amour est le premier objet de mes désirs, et j'espère qu'un jour viendra, où, après avoir, comme Henri IV, reconquis mon royaume, je pourrai, comme Louis XII, mériter le titre de père de mon peuple. Dites aux braves gentilshommes et aux fidèles troupes dont je vous ai confié le commandement, que l'attachement qu'ils m'expriment par votre organe, est déjà pour moi l'aurore de ce beau jour ; et que je compte principalement sur vous et sur eux pour achever de le faire éclore. Je vous renouvelle avec plaisir l'assurance de tous les sentimens avec lesquels je suis,

Mon cousin,

Votre très-affectionné cousin,

LOUIS.

Lettre *du Roi au Duc de Bourbon.*

Vérone, le 24 juin 1795.

Mon cousin, je suis fort sensible à la part que vous prenez à ma juste douleur; elle en adoucit un peu l'amertume. Je suis bien sûr que vous combattrez pour moi comme vous avez combattu pour le feu Roi, mon seigneur et neveu : mais j'espère que ce ne sera pas au même prix; votre sang est trop précieux pour l'État et pour moi, pour que je ne désire pas vivement qu'il plaise à Dieu de l'épargner. Comptez toujours sur l'estime et l'amitié véritables avec lesquels je suis, mon cousin,

Votre très-affectionné cousin,

Louis.

LETTRE *du Roi au Duc d'Enghien.*

Vérone, le 24 juin 1795.

MON COUSIN, je reçois avec une vraie sensibilité votre compliment sur la nouvelle perte que je viens de faire du Roi, mon seigneur et neveu. Je ne suis pas moins touché de vos vœux pour moi : vous n'avez, pour les remplir, qu'à imiter et à tâcher d'égaler les modèles que Dieu semble avoir placés tout exprès sous vos yeux pour votre instruction, dans votre père et dans votre grand-père. Soyez bien sûr, en attendant, de tous les sentimens avec lesquels je suis votre affectionné cousin,

LOUIS.

LETTRE *de Madame Marie-Adelaïde, tante du Roi, à son Altesse Sérénissime Monseigneur le Prince de Condé.*

A Rome, ce 4 juillet 1795.

Voilà qui est fait, mon cher cousin, tous vos torts sont pardonnés. Il me serait bien difficile de vous en trouver, et bien facile de les oublier si vous en aviez. Vous connaissez toute l'amitié que j'ai pour vous, et j'étais privée de n'avoir pas eu de vos nouvelles depuis si long-temps : j'en accusais l'irrégularité des postes ; voilà mes sentimens pour vous.

Je ne doute pas assurément de toute la part que vous prenez à tous les événemens qui nous arrivent (1) : il y a long-temps que vos sentimens, votre zèle et votre amour pour la famille et l'État sont connus ; il n'y a point d'occasion où vous n'en ayez donné des preuves essentielles.

Le Duc de Berry m'a envoyé le discours que vous avez fait (2) : je lui en ai une grande obligation ; et avec quel plaisir je l'ai lu et relu !

---

(1) La mort de Louis XVII.
(2) L'oraison funèbre du jeune Roi.

Comme on y reconnaît bien la bonté, la noblesse et l'élévation de votre ame ! J'en ai été aussi touchée que toute votre armée, mais point étonnée, puisque je vous connais depuis long-temps.

Adieu, mon cher cousin, soyez bien persuadé de toute l'amitié et de toute l'estime que j'ai pour vous, et qui ne pourra finir qu'avec moi.

Signé MARIE-ADELAÏDE.

Lettre *du Roi au Prince de Condé.*

Enfin, mon cher cousin, c'est du positif que je puis vous donner. La première descente de M. de Puisaye a eu un plein succès ; et ce général m'a écrit pour me dire qu'il était sûr de se maintenir, et que ma présence pourrait produire un effet utile et peut-être décisif. J'ai reçu en même temps une lettre du Lord Grenville, qui m'annonce avec beaucoup de grâce que le Roi d'Angleterre m'envoie un vaisseau et une frégate pour me porter à la tête des royalistes. Dites-vous à vous-même, et dites en mon nom à votre fidèle armée, que si je m'éloigne d'elle, c'est pour la mieux servir, et que c'est au centre du royaume où nous nous donnons tous rendez-vous.

Signé Louis.

Vérone, ce 20 juillet 1795.

Lettre *du Roi au Duc de Bourbon.*

Je touche enfin, mon cher cousin, au moment que je désirais avec tant d'ardeur. Je vous ai déjà communiqué, et je souhaite du fond de mon cœur, et je compte tant sur votre amitié, que je ne mets pas en doute votre résolution; j'ose même croire que vous trouverez quelque douceur à être mon bras droit et mon compagnon d'armes.

Le gouvernement britannique est prévenu de ce que je vous demande, et je ne doute pas qu'il ne vous procure une frégate pour votre passage. Mais si, comme je l'espère, vous partagez l'empressement que j'éprouve, je vous invite à passer à Bremen, et le général Dundas vous procurera un bâtiment pour vous porter tout de suite, soit en Angleterre, soit à Spithead, d'où vous me rejoindrez sans délai. Adieu, adieu, mon bien cher cousin: je regrette vivement de ne pouvoir pas faire la traversée avec vous; mais jugez avec quelle impatience je vais vous attendre, et avec quel plaisir je vous renouvellerai, en vous embrassant, l'assurance de ma vive et tendre amitié.

Signé Louis.

Vérone, ce 20 juillet 1795.

ce 14 9bre à Rome.

je vous recommande Monsieur avec le plus grand
interest le chevalier de Bernis fils ainé de
mr. D'ornex, que j'aimois, il prétend venir de
Mlle de Bernis, ce jeune homme me paroit
avoir un grand zèle pour servir son Roy,
et bien déterminé pour la bonne cause, je
demande vos bontés pour luy de le placer
quand vous le pourrez, et surtout de le protéger,
c'est luy qui vous remettra ma lettre
je vous remercie des bonnes nouvelles que
vous me donnés des armes autrichiennes
elles servent de regret de leur si longue
inaction, pour les voler, m'interesse presque
autant que vous, vous aimés très grande éstime

de le croire j'admire votre patience et apprens
très fort votre infortune vos ennuites surement
un dénouement[?] que je n'ai rien pu[?] dire
pour attendre, je lui très heureux qu'il te
trouverai voyage, et que nous sommes a la fin
de tous nos malheurs et que nous aurons la
grande satisfaction de nous revoir valable
chez nous il revient de par tout que l'esprit
des provinces est totalement changé ce que
vous m'en dites me fait un grand plaisir,
j'espère que dans ce moment Monsieur est
venu avec chargée, c'est le la grande place
j'espère aussi que mr le Duc de Bourbon
la vijant[?]
je vous prie lorsque vous aurez de bonnes
nouvelles, de vouloir bien me les envoyer
nous en avons ici de toutes les couleurs, et les
savant faulx, ce que j'espère,

j'ay prié monsieur de Chatellers de vous
ainsi que Mr Luydy
écrire pour vous recommander un nommé
Berger qui l'est parfaitement bien conduit
pour moy, je vous demande donc de faire
pour lui ce que vous pourrez.
bon soir Monsieur, je vous assure de ma
tendre amitié, et je vous embrasse de tout
mon cœur

Victoire

LETTRE *de Madame Victoire, tante du Roi, à Monseigneur le Prince de Condé.*

A Rome, ce 14 novembre 1795.

Je vous recommande, Monsieur, avec le plus grand intérêt le chevalier de Bernis, fils d'une de mes dames que j'aimais, et petit-neveu du comte de Bernis. Ce jeune homme me paraît avoir un grand zèle pour servir son Roi, et bien déterminé pour la bonne cause. Je demande vos bontés pour lui, et de le placer quand vous pourrez, et enfin de le protéger : c'est lui qui vous remettra ma lettre. Je vous remercie des bonnes nouvelles que vous me donnez des armées autrichiennes : elles donnent du regret de leur si longue inaction. Pour la vôtre, elle m'ennuie presque autant que vous; vous avez très-grande raison de le croire. J'admire votre patience, et approuve très-fort votre confiance. Vous connaissez sans doute un vieux proverbe qui dit, rien n'est perdu pour attendre. Je suis très-convaincue qu'il se trouvera vrai, et que nous sommes à la fin de tous nos malheurs, et que nous aurons la grande satisfaction de nous revoir rétablis chez nous. Il revient de partout que l'esprit des provinces est totalement changé : ce que vous m'en dites me fait un grand plaisir. J'espère que dans ce moment *Monsieur* est réuni avec Charles (1) : c'est là le grand point. J'espère aussi que M. le duc de Bourbon l'a rejoint.

Je vous prie, lorsque vous aurez de bonnes nouvelles, de vouloir bien me les envoyer. Nous en avons ici de toutes les couleurs, et très-souvent fausses; ce qui désespère. J'ai prié M. de Chastellux de vous écrire, ainsi qu'Adélaïde, pour vous recommander un nommé *Berger*, qui s'est parfaitement bien conduit pour nous : je vous demande donc de faire pour lui ce que vous pourrez.

Bonsoir, Monsieur : je vous assure de ma tendre amitié, et je vous embrasse de tout mon cœur.

Signé VICTOIRE.

---

(1) Monseigneur le duc de Berry.

LETTRE *de S. A. R.* Madame, *Duchesse d'Angoulême, à Monseigneur le Prince de Condé.*

Vienne, le 20 janvier 1796.

Monsieur mon cousin,

J'ai été extrêmement touchée et flattée de votre lettre : j'aurais eu bien du plaisir à voir un parent qui soutient si glorieusement le nom de Bourbon, nom si vertueux, et dont l'histoire parlera à jamais. Votre amour pour Dieu et votre Roi, vous fait admirer partout; et certainement je ne serai pas la dernière à vous rendre justice, car j'ai eu en effet le plaisir de voir quelques-uns de vos gentilshommes : cela m'a fait plaisir, car j'en aurai toujours à voir des Français si attachés à leur devoir. Je vous prie d'assurer, de ma part, toute la brave noblesse que vous avez avec vous, des sentimens d'amitié, de reconnaissance et d'admiration que j'ai pour eux. Le nom de Français m'est encore cher, lorsqu'on le porte d'une si digne manière. Quant à vous, Monsieur mon cousin, qui avez le bonheur de les commander, je vous admire, et envie beaucoup votre place, surtout quand on la remplit aussi dignement que vous.

J'espère que messieurs les ducs de Bourbon et d'Enghien se portent bien. Je sais qu'ils marchent sur les traces glorieuses de leur père. On m'a dit que la princesse Louise était en Piémont ; telle doit avoir bien du chagrin d'être si long-temps séparée de son digne père. Vous n'avez pas besoin de me parler de votre attachement à ma famille; tout ce que vous avez fait le prouve assez : mais je vous prie de compter sur l'amitié et la reconnaissance de votre affectionnée cousine,

Marie-Thérèse-Charlotte de France.

Vous avez bien justement apprécié mon cher cousin, tous les sentiments que j'ai éprouvés en lisant votre lettre du 3 Xbre et les pièces qui étoient jointes. Puisque vous êtes contents de mon fils, je jouis de la sensibilité ... Je partage du fond de l'âme la gloire et l'heureux élan des compagnons de fidélité que tant enorgueillit ... Si les nouvelles publiques n'ayant pas été aussi discrètes que vous pour un objet dont vous m'parlés point, permettez moi de vous dire, que comme parent, comme ami, et comme dévoué à la cause que vous défendez, je trouve une jouissance aussi douce qu'a Jubilé, à entendre juger votre conduite comme elle mérite de l'être, et à vous voir augmenter tous les jours, une considération si flatteuse pour ceux qui vous aiment, si ... pour ceux qui vous sont très peu de ..., et si ... pour les intérêts de notre Roi, ... n'est point un compliment, c'est l'expression pure de mon cœur et de ma raison.

Je joins ici une lettre que je vous prie de remettre de ma part au Duc d'Enghien, je ne lui parle que de mon ..., mais c'est le ... , c'est la France entière que je félicite de ce ... qu'il est, et de qu'il sera un jour en puisant la glorieuse route que vous lui ... tracée.

Vous sentirez mieux qu'un autre mon ...

M. le P. de Condé.

cher maitre, que celui qui remplit mon
devoir, trouve dans la pensée conduite ses
compensations aux sacrifices les plus
pénibles; mais je dois vous avouer, que
depuis le siège de Pam, j'éprouve une
sympathie difficile à exprimer de une
douloureuse inaction à l'idée privée
de partager les dangers, les fatigues, et
la gloire de nos intrépides compagnons
d'armes. Soyez du moins mon interprète
auprès d'eux, parlez-leur de mes regrets,
de mes sentiments, de mon admiration
pour leur conduite autant que pour
leur valeur, et ajoutez leur, qu'uniquement
occupé de nos intérêts communs, j'espère
que le ciel finira par protéger mes
efforts, et par rendre heureux, les fidèles
français qui sont toujours suivi le
chemin de l'honneur.

Je n'avais qu'attendu votre lettre
pour solliciter auprès de G------ B------ que
les congés qui vous sont nécessaires
pour profiter utilement des Eaux des
Antristiens et de ceux de notre avenue.
La négociation entamée à Paris ne
facilitait pas mes démarches, cependant
le départ de M. de Prey vous aura
prouvé, qu'elles n'avaient pas été
totalement infructueuses. Je viens de les

renouveller encore avec plus de vivacité que jamais, j'espère que les Ministres seront frappés de la nécessité de nous procurer des secours extraordinaires, et je me flatte que nous en recevrons de suffisants si nos tristes pressentiments ne viennent pas à se réaliser.

Je n'entrerai pas dans plus de détails sur la situation générale des choses et des esprits mais je compte environ le mois prochain un courier de Roi, et je le prierai de vous communiquer des détails intéressants, et puis être favorables.

Avant de terminer cette lettre il faut que je vous parle d'un objet qui tient à mon coeur. Il paraît que mon fils s'est conduit en joli garçon, et qu'il a du goût pour les armes de fusil; c'est toujours bien en lui-même; mais cela ne suffit pas dans sa position. Il faut qu'il se mette généralement en état de bien servir son Roi; et c'est à vous que je m'adresse avec confiance pour cela encore, pour que vous employiez toute votre autorité de Général, et toute celle que mon amitié vous mette entre vos mains, à exiger qu'il s'applique tout l'hiver à travailler bien sérieusement au métier de la guerre, et à se mettre en état de commencer l'année gentilhomme a condamné des trongues, Je ne vous indiquerai aucun moyen a cet egard, personne ne pourra mieux que vous exciter l'émulation et inspirer le desir de l'instruction, mais vous jugerez facilement combien je serai sensible a cette nouvelle preuve de votre amitié.

Adieu mon cher cousin, Je ne veux rien changer ~~aux~~ en rendés vous, que je vous ai donné, et est vers le but que tendent tous mes efforts. Je vous renouvelle de fond du cœur l'assurance de l'amitié bien tendre et bien constante qui m'attache a vous pour la vie.

Charles Philippe

Je dois vous dire que vous trouverés mon fils tout puissance sur ce que je vous demande pour lui.

Edinburgh ce 29 Juin 1796.

Lettre *de* Monsieur , *Comte d'Artois, à Monseigneur le Prince de Condé.*

Edimbourg, 29 novembre 1796.

Vous avez bien justement apprécié, mon cher cousin, tous les sentimens que j'ai éprouvés en lisant votre lettre du 3 novembre et les pièces qui y étaient jointes, puisque vous êtes content de mon fils (1): je jouis de sa conduite. Je partage au fond de l'ame la gloire et l'honneur dont vos compagnons de fidélité se sont couverts ; mais les nouvelles publiques n'ayant pas été aussi discrètes que vous, sur un objet dont vous ne parlez point, permettez-moi de vous dire que, comme parent, comme ami, et comme dévoué à la cause que nous défendons, je trouve une jouissance aussi douce que solide à entendre juger votre conduite comme elle mérite de l'être, et à vous voir augmenter tous les jours une considération si flatteuse pour ceux qui vous aiment, si honorable pour ceux qui vous sont liés par le sang, et si importante pour les intérêts de notre Roi. Ceci n'est point

---

(1) Monseigneur le duc de Berry.

un compliment, c'est l'expression simple de mon cœur et de ma raison.

Je joins ici ma lettre, que je vous prie de remettre de ma part au duc d'Enghien. Je ne lui parle que de mon amitié; mais c'est le Roi, c'est la France entière, que je félicite de ce qu'il est et de ce qu'il sera un jour, en suivant la glorieuse route que vous lui avez tracée.

Vous sentirez mieux qu'un autre, mon cher cousin, que celui qui remplit son devoir, trouve dans sa propre conduite une compensation aux sacrifices les plus pénibles. Mais je dois vous avouer que depuis le mois de juin j'éprouve un supplice difficile à exprimer, de ma douloureuse inaction, et d'être privé de partager les dangers, les fatigues et la gloire de vos intrépides compagnons d'armes. Soyez du moins mon interprète auprès d'eux; parlez-leur de mes regrets, de mes sentimens, de mon admiration pour leur constance, autant que pour leur valeur, et ajoutez-leur, qu'uniquement occupé de nos intérêts communs, j'espère que le ciel finira par protéger mes mes efforts, et par rendre heureux les fidèles Français qui ont toujours suivi le chemin de l'honneur.

Je n'avais pas attendu votre lettre pour solliciter auprès du gouvernement britannique les moyens qui nous sont nécessaires pour profiter utilement du succès des Autrichiens et de ceux de notre armée. La négociation entamée à Paris ne facilitait pas mes démarches : cependant, le départ de M. de Precy vous aura prouvé qu'elle n'avait pas été totalement infructueuse. Je viens de les renouveler encore avec plus de vivacité que jamais : j'espère que les ministres seront frappés de la nécessité de vous procurer des secours extraordinaires ; et je me flatte que vous en recevrez de suffisans, si vos tristes pressentimens ne viennent pas à se réaliser. Je n'entrerai pas dans plus de détails sur la situation des choses et des esprits ; mais je compte envoyer, le mois prochain, un courrier au Roi, et je le prierai de vous communiquer des détails intéressans, et peut-être favorables.

Avant de terminer cette lettre, il faut que je vous parle d'un objet qui tient à mon cœur : il paraît que mon fils s'est conduit en joli garçon, et qu'il a du goût pour les coups de fusil. C'est toujours bon en soi-même, mais cela ne suffit pas ; dans sa position, il faut qu'il se mette promptement en état de bien servir son Roi ; et c'est à vous que je m'adresse avec confiance, mon cher cousin, pour que vous employiez toute votre autorité de général, et toute celle que mon amitié a remise entre vos mains, à exiger qu'il occupe tout son hiver à travailler bien sérieusement au métier de la guerre, à se rendre digne de commencer l'année prochaine à conduire des troupes. Je ne vous indiquerai aucuns moyens à cet égard ; personne ne saura mieux que vous exciter son émulation, et lui inspirer le désir de l'instruction: mais vous jugerez facilement combien je serai sensible à cette nouvelle preuve de votre amitié.

Adieu, mon cher cousin, je ne veux rien changer au rendez-vous que je vous ai donné; et c'est vers ce but que tendent tous mes efforts. Je vous renouvelle, du fond du cœur, l'assurance de l'amitié bien tendre et bien constante qui m'attache à vous pour la vie.

Signé CHARLES-PHILIPPE.

P. S. Je dois vous dire que vous trouverez mon fils tout prévenu sur ce que je vous demande pour lui.

LETTRE *du Roi (Louis XVIII) à Monseigneur le Duc d'Enghien.*

5 janvier 1797.

Vous pensez bien, mon cher cousin, qu'en donnant aux différens corps de mon armée les éloges qu'ils méritent, je n'oublierai pas l'avant-garde ; je vous charge donc de lui exprimer toute ma satisfaction. Mais vous pensez bien aussi que je n'oublierai point son général : cette lettre serait trop longue si je voulais y détailler tous les titres de gloire que vous avez acquis pendant le cours de cette campagne, et tous les momens heureux que mon tendre intérêt pour vous m'a fait passer. Je me bornerai à vous dire que vous m'avez prouvé qu'il y a des victoires héréditaires, comme des noms ; et quand un duc d'Enghien attaque, de quel côté que ce soit, les positions de Holle-Graben et de Saint-Peters, elles doivent nécessairement devenir le théâtre de sa gloire.

Signé Louis.

LETTRE *du Roi à Monseigneur le prince de Condé.* (*)

Blanckenbourg, le 15 janvier 1797.

Je cherche à me dédommager, mon cher cousin, de l'impossibilité où j'ai été de continuer à partager les héroïques travaux de ma brave armée, en lui donnant des témoignages certains de ma satisfaction, par les grâces que je vous charge de lui annoncer. Sa valeur l'a fait triom-

---

(*) Cette lettre fut mise à l'*ordre* de l'armée, et S. A. S. l'accompagna de la note suivante :

« Des suffrages aussi glorieux suffisent, sans doute, à la
« satisfaction de l'armée ; mais celle que j'éprouve à lui
« voir rendre, par le Roi et par son auguste frère, la
« justice qui lui est si légitimement due, ne serait pas
« complète, si je n'exprimais pas moi-même, et du
« fond de mon cœur, à mes braves compagnons d'armes
« toute ma reconnaissance et toute mon admiration de la
« constante énergie et de la brillante valeur qu'ils ont
« montrées pendant tout le cours de cette campagne. La
« gloire de l'armée est la seule consolation que je puisse
« éprouver de la perte de tant de braves gens, que je re-
« grette tous les jours. Puissent les événemens futurs cou-
« ronner incessamment tant de travaux, et me procurer
« enfin le bonheur de voir la noblesse française plus heu-
« reuse et rétablie, sous l'autorité de son Roi légitime,
« dans l'héritage de ses pères, et dans son antique splen-
« deur. »

Signé Louis-Joseph de Bourbon.

A Blankenburg ce 5 Janvier 1797.

Je cherche à me dédommager, mon cher Cousin, de l'impossibilité où j'ai été de continuer à partager les héroïques travaux de ma brave Armée, en lui donnant des témoignages certains de ma satisfaction, par les graces que je vous charge de lui annoncer. Sa valeur l'a fait triompher d'ennemis, dignes d'elle s'ils combattoient pour une meilleure cause; sa générosité a plus fait, elle a vaincu des haines que l'artifice le plus profond travailloit depuis si longtemps à nourrir; comme Roi, comme pere, je lui dois donc une égale reconnoissance. Généraux, officiers, gentilshommes, Soldats, tous l'ont méritée; je voudrois pouvoir exprimer à chacun d'eux tout ce qu'il m'inspire, je remplis ce væu en m'adressant à vous. Vous êtes à la fois leur Chef et leur modèle, je ne puis choisir un meilleur organe, ni vous donner à vous même une meilleure preuve de l'amitié dont vous scavez bien, mon cher Cousin, que je suis pénétré pour vous.

                                                        Louis.

pher d'ennemis dignes d'elle, s'ils combattaient pour une meilleure cause. Sa générosité a fait plus : elle a vaincu des haines que l'artifice le plus profond travaillait depuis si longtemps à nourrir. Comme Roi, et comme père, je lui dois donc une égale reconnaissance : généraux, officiers, gentilshommes, soldats, tous l'ont bien méritée. Je voudrais pouvoir exprimer à chacun d'eux tout ce qu'ils m'inspirent ! Je remplis ce vœu en m'adressant à vous : vous êtes à la fois leur chef, leur modèle ; je ne puis choisir un meilleur organe, ni vous donner à vous-même une meilleure preuve de l'amitié dont vous savez bien, mon cher cousin, que je suis pénétré pour vous.

Signé LOUIS.

LETTRE *de l'Impératrice de Russie (mère de l'Empereur Alexandre) à Monseigneur le Prince de Condé.*

Saint-Pétersbourg, le 18 janvier 1797.

MONSIEUR MON COUSIN, les complimens que votre Altesse sérénissime me fait sur la perte que nous avons faite, et sur l'événement de l'Empereur au trône de ses ancêtres, me prouvent, et votre souvenir, et la durée des sentimens dont vous m'avez assurée pendant le charmant séjour que nous fîmes chez votre Altesse sérénissime. Cette époque me sera constamment chère : elle m'a liée d'amitié, pour toujours, avec madame votre fille; elle m'a pénétrée d'estime pour vous. Tous les malheurs qui affligent votre belle patrie, et dont votre Altesse sérénissime est la victime, ont cependant même augmenté les sentimens que vous avez su m'inspirer. Le courage et la vertu aux prises avec le malheur est le spectacle que vous offrez à l'Europe; il est senti et vivement apprécié par l'Empereur et par moi. Puisse un sort plus juste et plus heureux être l'apanage de votre Altesse sérénissime, et vous rendre, ou à votre patrie, ou vous en

Monsieur mon Cousin. Les complimens que Votre Altesse Serenissime me fait sur la
perte que nous avons faite et sur l'Avènement de l'Empereur au Throne de ses
Ancêtres me prouvent et Votre Courtoisie et la durée des Sentimens dont Vs m'avez
honoré pendant le charmant Séjour que nous fimes chez Votre Altesse Serenissime.
Cette Époque me sera constamment chère, elle m'a lié d'amitié pr Lsjours
a Madame Votre fille, elle m'a penétré d'Estime pr Vs. Tout les malheurs
qui affligent Votre belle Patrie dont Il dent Votre Altesse Serenissime
est la Victime ont cependant encore augmenté les Sentimens que Vs avez
scu m'inspirer; Le Courage et la Vertu ayt pour avec le malheur
est le Spectacle que s'offrez a l'Europe il est senti et vivement
apprécié par l'Empereur et par moi: Puisse enfin un Sort plus juste
plus heureux etre reservé de Votre Altesse Serenissime et Vous rendre
ou à Votre Patrie ou Vs en feres trouver une nouvelle parmi nous.
Je finis ces lignes en Vs renouvellant l'assurance de l'interet bien sincere
que je porte a Votre Altesse Serenissime de même que celle de l'attachement
et de la haute Consideration avec lequell je suis

Monsieur mon Cousin
de V:tre Altesse Serenissime

a Petersbourg ce 18 Janvier
1797.

Le bons Cousin
Marie

faire trouver une nouvelle parmi nous. Je finis ces lignes en vous renouvelant l'assurance de l'intérêt bien sincère que je porte à votre Altesse sérénissime, de même que celle de l'attachement et de la haute considération avec laquelle je suis,

Monsieur mon cousin,

De votre Altesse sérénissime,

La bonne cousine,

Marie.

Lettre *de Monseigneur le Duc de Berry à Monseigneur le Prince de Condé.*

Blankenbourg, ce 27 avril 1797.

Enfin, Monsieur, mon frère est arrivé hier. Vous jugerez facilement la joie que j'ai éprouvée en le revoyant. Ma joie est d'autant plus vive que notre retour à l'armée sera très-prompt : nous ne devons rester que cinq ou six jours ici, et nous ne perdrons pas de temps en chemin pour revenir. Je fais bien des vœux pour qu'on ne tire pas de coups de fusil pendant mon absence, mais que cette campagne, qu'on peut bien regarder, je crois, comme la dernière, soit active. Je le désire vivement pour mon instruction, et pour mon frère; car je suis bien persuadé qu'il faut que les Bourbons se montrent, et beaucoup, et que, hors de France, ils doivent commencer par gagner l'estime des Français, avec leur amour. Nous avons appris que les ennemis avaient passé le Rhin à Neuwied, et qu'après avoir repoussé les Autrichiens, ils étaient déjà aux portes de Francfort, lorsqu'un courrier arriva, apportant la nouvelle d'un armistice conclu entre les armées autrichiennes et françaises sur toute la ligne. Un courrier, allant de Vienne à Londres, ayant passé ce matin ici, a dit que l'Empereur allait se mettre en personne à la tête de l'armée d'Italie, et que l'archiduc Charles allait reprendre le commandement de celle du Rhin. Dieu veuille nous rendre notre aimable chef, et nous mettre encore à portée de combattre sous ses ordres.

Veuillez recevoir, Monsieur, l'hommage du vif empressement que j'ai de me retrouver sous vos ordres, et du sincère et respectueux attachement que je vous ai voué pour la vie.

CHARLES FERDINAND.

Lettre *de Monseigneur le Duc d'Angoulême à Monseigneur le Prince de Condé.*

Blankenbourg, 27 avril 1797.

Monsieur mon cousin j'attendais depuis long-temps avec une bien vive impatience le moment où il me serait permis de venir me réunir à mon frère sous vos ordres. Cet heureux moment est donc enfin arrivé; nous ne perdons pas un instant pour nous rendre auprès de vous. J'espère que vous voudrez bien m'accorder vos bontés et votre amitié. Je vous les demande avec confiance, et je ne négligerai rien pour m'en rendre digne. J'envie à mon frère le bonheur qu'il a eu d'être à l'armée depuis trois ans, pendant que j'étais dans une inactivité cruelle. Les circonstances qui en ont ainsi ordonné me peinaient vivement.

Agréez l'hommage du zèle d'un volontaire, et l'assurance de la haute considération, de l'entière confiance et de tous les sentimens avec lesquels je serai pour la vie,

Monsieur mon cousin,

Votre très-affectionné cousin,

Louis-Antoine.

Soyez assez bon pour être l'interprète de mes sentimens auprès du duc d'Enghien.

Lettre *de l'Impératrice de Russie à Monseigneur le Prince de Condé.*

A Pawlowski, le 3 août 1797.

Monsieur mon cousin, le baron de la Rochefoucault vous remettra la présente, et sera l'interprète des sentimens d'intérêt et d'amitié que S. M. l'Empereur, mon époux, et moi, avons vouée à V. A. S. L'envoi du conseiller privé d'Alopens auprès de sa personne, et la décision de l'Empereur qui occasionne l'expédition du lieutenant colonel, prince de Gortschakoff, lui prouvera encore plus les dispositions amicales de mon époux pour elle, et bienveillantes pour son armée. Il me reste à souhaiter à V. A. S. une parfaite santé, afin de pouvoir vous assurer bientôt de bouche des sentimens distingués avec lesquels je suis,

Monsieur mon cousin,

De votre Altesse sérénissime,

La très-affectionnée cousine,

Marie.

Lettre de l'Empereur d'Autriche à Monseigneur le Prince de Condé.

Vienne, 16 octobre 1797.

Monsieur mon cousin, les services importans que votre Altesse, et le corps valeureux qui est sous vos ordres, m'ont rendus pendant la guerre, m'ont fait sentir toute la perte que j'allais faire par votre retraite; mais, je prends trop de part à ce qui vous regarde pour ne pas approuver la résolution que vous avez prise de profiter des avantages que S. M. l'Empereur de Russie a bien voulu vous offrir. J'éprouve même une satisfaction particulière en pensant que tant de braves guerriers, que vous avez si souvent conduits au champ de l'honneur, trouveront sous vos auspices un asile honorable, après leur glorieuse et pénible carrière. Je désire que votre Altesse veuille bien lui témoigner en même temps l'estime qu'ils m'ont inspirés, les regrets que j'ai de les perdre, et le plaisir que j'aurai toujours en apprenant les événemens heureux qui pourront les intéresser. Je suis fâché que vos affaires, ne vous ayant pas permis de passer à Vienne, me privent, en conséquence, de la satisfaction de vous exprimer de vive voix tous les sentimens de l'estime sans réserve, et de la vive amitié avec lesquels je serai toujours,

    Monsieur mon cousin,

        Votre affectionné,

           François.

LETTRE *de Monseigneur le Prince de Condé au Duc d'Enghien.*

Blankenbourg, le 24 octobre 1797.

Je ne sais, mon cher ami, si cette lettre vous parviendra; je crois cependant en prendre le plus sûr moyen. Je suis arrivé ici avant-hier sans accidens, mais avec une lenteur incroyable. Mes journées ont été souvent de douze lieues en douze heures, à cause des mauvais chemins depuis Erlang. J'ai été reçu par le Roi avec toute la bonté possible. Je ne pourrai pas partir d'ici avant samedi 9, et Dieu sait quand j'arriverai à Pétersbourg. J'ai d'autant plus d'impatience d'y arriver, que ce ne sera que là, ou tout au plus à Riga. que je recevrai de vos nouvelles, et celles du corps. Malgré tout ce qu'on aura pu vous dire à Vienne, si vous y avez été, on croit encore à la paix au bout de la trève, qui se prolongera, dit-on, de mois en mois jusqu'à la fin de l'hiver pendant lequel on négociera toujours, soit ouvertement, soit tacitement. On dit même que les Anglais, malgré la grande victoire navale qu'ils viennent de remporter sur la flotte hollandaise, à laquelle ils ont pris a Blankenbourg ce 24 8bre 1797.

De ce soir, mon cher ami, si cette lettre vous parviendra, je vois
cependant en prendre le plus sûr moyens, je suis arrivé ici avant hier
sans accident, mais avec une lenteur incroyable, mes journées ont été
pourtant de 12 lieues en 12 heures, vû les mauvais chemins depuis
Erlang, j'ai été reçu par le Roy avec toute la bonté possible;
je ne pourrai pas partir d'ici avant Samedy 29.e à ce que je
crois j'ouvrirai a Petersbourg, j'ai d'autant plus d'impatience
d'y arriver, que ce ne sera que la, ou tout au plus à Riga, que
j'aurai de vos nouvelles, et de celles de Louys; malgré tout ce
qu'on aura pu vous dire à Vienne, si vous y avez été ou êtes
encore a la paix, au bout de la roue, qui se prolongera, de ou
de mois en mois, jusqu'à la fin de l'hyver, pendant lequel on
negociera toujours, sourdement, secrettement, ou de même
que les anglois, malgré la grande victoire navale qu'ils
viennent de remporter sur la flotte hollandoise a laquelle
ils ont pris 9 vaisseaux, negocient toujours secrettement avec le
Directoire; vous trouverez cy-jointes une lettre de votre frere
et une de M. le Duc de Berry a Ducayla, a qui vous la
remettrez; on passe ici presque toute la journée avec le Roy et
a peine ai je le tems de trouver le moment de vous ecrire ce
petit mot; j'ai obtenu pour Fouville ce que vous m'aviez recommandé

Chaffontaine a aussi ce qu'il desirait ; je vous recommande mon ami, de l'aménité dans vos manières, de la réflexion dans vos démarches, surtout de ne pas vous livrer sans réserve aux jouissances du moment, sans songer si cela ne nuira pas même au bonheur de votre avenir ; je vous embrasse de toute mon âme.

neuf vaisseaux, négocient toujours secrètement avec le Directoire. Vous trouverez ci-joint une lettre de votre père, et une de M. le duc de Berri à Ducayla, à qui vous la remettrez. On passe ici presque toute la journée avec le Roi, et à peine ai-je le temps de trouver un moment de vous écrire ce petit mot. J'ai obtenu pour Jonville ce que vous m'aviez recommandé. Cheffontaine a enfin ce qu'il désirait. Je vous recommande, mon ami, de l'aménité dans vos manières, de la *réflexion* dans vos démarches, et surtout de ne pas vous livrer sans réserve aux jouissances du moment, sans songer si cela ne peut pas nuire au *bonheur de votre avenir*. Je vous embrasse de tout mon cœur.

Signé Louis-Joseph de Bourbon.

LETTRE *de Monseigneur le Prince de Condé
au Duc d'Enghien.*

A Konisberg., ce 20 novembre 1797.

J'ESPÉRAIS, mon cher ami, trouver ici des nouvelles de vous et de l'armée; je n'y en trouve point, et cela m'afflige : peut-être serai-je plus heureux à Riga. Nous cheminons, pas fort vite, à cause des sables et des mauvais chemins, mais sans le plus petit accident, et par le plus beau temps du monde; nous espérons qu'il en est de même de vous. Nous avons eu quelques jours de gelée assez forte; mais cela n'a pas été long : le temps, sans pluie, est d'un doux réellement extraordinaire pour le 55e degré de latitude où nous sommes déjà. Nous avons voyagé aujourd'hui, ayant toujours une roue dans la mer Baltique, de concert avec un vaisseau à pleines voiles, qui n'était pas à un demi-quart de lieue de nous. Nous avons traversé, avant Dantzick, à peu près des déserts; depuis, nous sommes dans un pays très-riche, en blés, en troupeaux superbes et en chevaux. Cette ville-ci est énorme; et les vaisseaux y abordent, pour ainsi dire, dans les rues, comme à Dantzick, et même à

Stettin. Je pars demain pour Memel, où je compte être après demain ; et mon chemin sera, dit-on, comme aujourd'hui, à peu près dans la mer, ce qui est assez amusant. On dit que je ne trouverai plus que des auberges détestables et de mauvais chemins. J'espère cependant arriver à Riga vers le 20, et à Pétersbourg vers le 26. Nous avons déjà fait 400 lieues ; il ne nous en reste plus que 250, ce qui ne nous paraît rien. Nous nous portons tous bien, lisant, dormant, déraisonnant dans la voiture, et mangeant le soir avec un fier appétit. J'ai bien de l'impatience, mon cher ami, de savoir enfin si l'armée existe et vous aussi, et je serai bien soulagé quand j'aurai de vos nouvelles. Je vous embrasse, mon cher ami, avec toute la tendresse que vous me connaissez pour vous.

L. J. DE BOURBON.

Lettre *du Roi à Monseigneur le Prince de Condé.*

A Blakenbourg, ce 27 janvier 1798.

Depuis la dernière lettre que je vous ai écrite il y a un mois, mon cher cousin, j'en ai reçu deux de vous, auxquelles je n'ai point répondu, parce que j'étais dans l'incertitude de mon sort : il est fixé par la généreuse amitié de Paul Ier. Vous me connaissez assez pour être bien certain de la sensibilité avec laquelle j'accepte un asile auquel la grâce, les attentions délicates de S. M. I. ajoutent un nouveau prix, et je pars le 10 du mois prochain pour m'y rendre. Que dis-je ? je pars. Si l'oppression sous laquelle gémit en ce moment la Suisse, la portait à se soulever contre ses tyrans, et à embrasser le seul parti qui lui reste, de réunir l'arc de Guillaume Tell au panache de Henri IV, pour sauver à la fois ma couronne et sa liberté, ce ne serait point à Mittau que j'irais ; ce serait chez nos braves et anciens alliés ; et l'ame noble de Paul Ier jouirait plus de me voir me montrer digne de son amitié, qu'en goûter les fruits. Mais j'ai bien peu d'espérance de ce côté, et il n'est que trop vraisemblable qu'avant mon départ elle sera totalement évanouie. Mais si à cette époque elle ne l'était pas, je me mettrais lentement en route, afin de ne pas m'éloigner trop vite des lieux où mon devoir pourrait m'appeler d'un moment l'autre.

Adieu, mon cher cousin : vous connaissez toute mon amitié pour vous; vous ne me refuserez pas, jusqu'à ce que nous nous revoyions, d'être mon chargé d'affaires.

Louis.

LETTRE *de S. A. I. le grand-duc Alexandre (S. M. l'Empereur de Russie) à Monseigneur le Prince de Condé.*

Saint-Pétersbourg, ce 5 novembre 1793.

Monsieur, ayant reçu de sa Majesté l'Empereur, la décision sur plusieurs articles concernant l'inspection de votre Altesse sérénissime, je m'empresse de les lui communiquer sur un papier ci-joint. Les pièces de 4 vont lui être remises incessamment, de même que les modèles des uniformes pour les compagnies françaises et suisses.

Je profite de cette occasion pour me rappeler au souvenir de votre Altesse sérénissime, et la prier de croire aux sentimens bien sincères de la considération la plus distinguée avec laquelle j'ai l'honneur d'être,

Monsieur,

De votre Altesse Sérénissime,

Le très-humble et très-obéissant serviteur,

ALEXANDRE.

Ayant reçu hier V.A.S.
sur plusieurs articles concernant l'inspection de
votre Altesse Sérénissime, je m'empresse de la
lui communiquer sur un projet cy joint —
Les pièces de 4 vout [sic] être revues incessa-
ment de même que les modeles des Uniformes
fournis Bourgeoises Francois et Lacs [?]

Je profite de cette occasion pour me rappeler
au souvenir de Votre Altesse Sérénissime et
la prier de croire avec les sentiments d'continue [sic]
de la considération la plus distinguée avec la
quelle j'ai l'honneur d'être
                Monsieur de Votre Altesse Sérénissime
St Petersbourg   le très humble et très
ce 3 Novembre 1798   obéissant serviteur Lafarante [?]

Lettre *de son Altesse Royale* Madame, *Duchesse d'Angoulême, à Monseigneur le Prince de Condé.*

Vienne, ce 30 septembre 1798.

Monsieur mon cousin, j'ai reçu la lettre que vous m'avez adressée le 24 du mois dernier. J'y ai lu avec sensibilité les témoignages d'attachement que vous me donnez dans les circonstances où je me trouve. Recevez mes remercîmens pour les vœux que vous m'exprimez; et soyez assuré de ma reconnaissance. Je serai fort aise de vous voir à Mittau, lorsque je m'y rendrai, et de vous exprimer combien j'ai pris de part à votre sort, à celui de la brave et fidèle armée que vous commandez. Je joindrai avec plaisir à cette expression l'assurance des sentimens particuliers d'estime et d'amitié avec lesquels je suis,

Monsieur mon cousin,

Votre très-affectionnée cousine,

Marie-Thérèse de France.

Lettre *du Roi à Monseigneur le Prince de Condé.*

A Mittau, ce 10 juin 1799.

Enfin, mon cher cousin, un de mes vœux les plus ardens est accompli; mes enfans sont unis. Je retrouve dans ma nièce, avec un attendrissement plus facile à sentir qu'à exprimer, les traits réunis des infortunés auteurs de ses jours. Cette ressemblance, si douce et si déchirante à la fois, me la rend plus chère, et doit redoubler l'intérêt qu'elle mérite si bien par elle-même d'inspirer à tout bon Français. Le mariage a été célébré ce matin : je m'empresse de vous l'apprendre, bien sûr que vous partagerez ma joie.

Annoncez cette heureuse nouvelle à l'armée : elle ne peut que paraître d'un bon augure à vos braves compagnons, au moment où ils vont rentrer sur vos traces dans la carrière qu'ils ont si glorieusement parcourue; et ils béniront avec moi le souverain magnanime auquel nous devons ce double bienfait. Ajoutez-leur de ma part que j'ai commencé à retrouver le bonheur; mais qu'il ne sera complet pour moi, que le jour où je pourrai me retrouver parmi eux au poste où l'honneur m'appelle.

Adieu, mon cher cousin : vous connaissez toute mon amitié pour vous.

Louis.

Lettre *de l'Archiduc Charles à Monseigneur le Prince de Condé.*

Vahingen, le 13 septembre 1799.

Monsieur,

J'ai reçu la lettre de V. A. S. en date du 7 septembre. J'apprends avec infiniment de plaisir son arrivée prochaine à l'armée. Le moment qui l'a rend à l'illustre carrière qu'elle a si glorieusement parcourue, et qui lui assure de nouveaux lauriers, ne saurait être indifférent à celui qui a toujours pris part à sa gloire, et formé les vœux les plus sincères pour sa prospérité.

Je regrette de ne pouvoir lui témoigner de bouche toute la joie que j'ai ressentie de son arrivée, ainsi que de la haute considération avec laquelle je suis,

De votre Altesse,

Le très-obéissant serviteur,

Charles.

Monsieur

J'ai reçu la lettre De Votre Altesse, en Datte Du 7 Septembre j'apprends avec infiniment De Plaisir Son arrivée prochaine à l'armée le Moment qui la Rend à l'illustre Carrière qu'elle a Si glorieusement parcourue et qui lui assure De nouveaux lauriers ne Sauroit être indifférent à celui qui a toujours pris part à Sa gloire et formé les vœux les plus Sincères pour Sa prospérité.

Je Regrette De ne pouvoir lui témoigner De Bouche toute la joie que j'ai Ressentie De Son arrivée ainsi que la haute Considération avec laquelle Je Suis

De Votre Altesse

Le très humble et obéissant
Serviteur
Charles
J M

Sahingen ce 13 Septembre 1799

Lettre *du Roi à Monseigneur le Duc d'Enghien.*

Mittau, 22 février — 5 mars 1800.

J'éprouve, mon cher cousin, une grande satisfaction à vous annoncer que l'Empereur de Russie, dont l'amitié pour moi ne se dément jamais, a bien voulu, sur ma demande, vous nommer grande croix de l'ordre de Saint-Jean de Jérusalem. Les liens du sang auraient suffi pour m'engager à faire cette demande; mais, de plus, je me trouve heureux que S. M. I. me mette en état d'acquitter une partie des dettes que j'ai contractées envers vous en 1793, et surtout en 1796.

Adieu, mon cher cousin : vous connaissez toute mon amitié pour vous.

Louis.

Lettre *de Monseigneur le Duc de Berri
à Monseigneur le Prince de Condé.*

Rome, ce 30 juin 1800.

La nouvelle de l'armistice m'a arrêté ici. N'ayant rien à faire à Palerme jusqu'au retour de la Reine, j'ai obtenu du Roi la permission d'aller faire la campagne avec M. le Prince de Condé. Cela aurait été un grand bonheur pour moi de le voir ; je lui aurais demandé la permission de la faire comme volontaire, avec mon frère. Je me faisais un bien grand plaisir de penser au moment où je pourrais me retrouver avec mes braves compagnons d'armes, auxquels je suis si attaché. Une nouvelle qui m'avait paru très-naturelle, car on disait que M. le duc d'Enghien avait fait des prodiges de valeur avec son régiment à Verderic, m'avait fait hâter encore plus mon départ de Naples ; et je ne faisais que de changer de chevaux ici, lorsque j'ai appris cet armistice, produit des succès incroyables de Buonaparte. Nous attendons, pour voir ce que cela deviendra.

Je prie M. le Prince de Condé d'être

Rome ce 30 Juin 1800

La nouvelle de l'armistice m'a anté ici; n'ayant rien à faire à Palerme jusqu'au retour de la Reine, j'ai obtenu du Roy la permission d'aller faire la campagne avec Mr le Cte La Blonde; cela aurait été un grand bonheur pour moi de la [suivre], je lui aurais demandé la permission de la faire comme volontaire avec mon frère, je me faisais un bien grand plaisir d'aspirer au moment [ ] pousser une [ ] avec mes braves compagnons d'armes auxquels je suis si attaché, une nouvelle qui m'avait paru très naturelle, [ ] on de dit que Mr le Duc d'Enghien avait fait des prodiges de valeur avec son Régiment à [ ], m'avait fait hâter [ ] mon départ de Naples, [ ] peu faudra que changer de

chevaux ici, lorsque j'ai appris at ministre produit des
bruits incroyables de Buonaparte nous attendons pour sa
a que a la destinées

Je prie M. le Cau de lorcté d'être persuadé du regret
que j'ai de n'avoir pas pu le joindre et lui prouver le
sincère et tendre attachement que les boules ont gravé
dans mon cœur

                                    Charles Ferdinand

persuadé du vif regret que j'ai de n'avoir pas pu le rejoindre et lui prouver le sincère et tendre attachement que ses bontés ont gravé dans mon cœur.

Charles-Ferdinand.

LETTRE *du Roi à Monseigneur le Prince de Condé.*

Mittau, 1ᵉʳ avril 1801.

« J'AI reçu, mon cher cousin, le paquet que vous avez remis à mon neveu pour moi : il m'a rapporté en même temps l'heureuse nouvelle des bonnes dispositions de l'Angleterre en faveur d'un corps dont la dissolution n'est pas la moindre de mes peines, mais que je vois avec orgueil l'objet de l'admiration de toute l'Europe, comme il fait la fierté du nom français. Jouissez, mon cher cousin, de cet ouvrage qui est le vôtre; goûtez, puisque les circonstances vous y contraignent, le même repos que le plus illustre de vos aïeux goûta volontairement sous les lauriers : tout vous sera Chantilly. Mais n'oublions pas que la conquête de la Franche-Comté, le passage du Rhin, Seneff, interrompirent la retraite de ce grand homme, et que ce fut à Fontainebleau qu'il termina son héroïque carrière. »

LOUIS.

LETTRE *de Monseigneur le Duc d'Enghien
à M. le Baron de Saint-Jacques.*

A Marisraust près Gratz, ce 13 mai 1801.

CONNAISSANT, mon cher, votre probité intègre dont vous m'avez donné tant de preuves, et comptant sur votre attachement et votre amitié, sachant en outre que vos projets ne sont point de rentrer en France en ce moment, je n'ai pas hésité à vous proposer de venir auprès de moi remplacer un homme que je regrette vivement. Si vous acceptez ma proposition, comme je le désire et l'espère, il faudrait venir à Gratz le plus promptement possible, afin qu'Antheaume puisse vous mettre au fait de tous les objets qu'il vous sera nécessaire de connaître à fond. Aussitôt que j'aurai votre réponse, je m'occuperai sur-le-champ de votre traitement, qui, sans être bien considérable, puisque je n'ai, ni mon grand père, la possibilité de le rendre tel, vous mettra cependant à même de vivre près de moi honorablement. Je puis faire pour vous ce que je ne pouvais faire pour lui.

Je n'ai pas besoin de vous dire que je m'applaudis en secret de mon choix, et que vous me feriez une peine sensible de vous refuser à mon désir. Vous connaissez ma sincère estime et mon amitié pour vous. Répondez-moi promptement.

L. A. H. DE BOURBON.

Lettre *de Monseigneur le Prince de Condé au Roi.*

Londres, le 27 juillet 1801.

Sire,

Monsieur, étant beaucoup plus que moi au fait de ce qui se passe ici, et qui peut intéresser V. M., je ne lui en parlerai point. M. de la Chapelle lui porte sûrement l'état actuel des choses. J'ai appris, avec grand plaisir, que M. d'Avray, après avoir été dans un grand danger, était absolument hors d'affaire; je prie V.M. d'en recevoir mon très-sincère compliment : un ami, pour tout homme, mais surtout pour un roi, est une perte affreuse, et je suis très-aise que le cœur de V. M. ne soit plus dans le cas de la craindre.

V. M., qui connaît la lenteur des décisions des cabinets, ne sera pas étonnée que je ne sache pas encore à quoi m'en tenir sur mes affaires et celles de mes enfans. Ce n'est pas le moindre de nos malheurs que d'avoir nécessairement besoin de solliciter pour soi-même. Nous sommes un peu alarmés ici de l'arrestation que les gazettes nous ont apprise, et qui a été faite à Bareuth, dans les États d'un souverain qui donne asile à V. M.; nous ne pouvons comprendre ce que ce peut être, et nous attendons avec impatience le résultat de cette démarche, ainsi que celui de l'entrée de l'Empereur en Bavière.

Je supplie votre Majesté de vouloir bien être persuadée de mon inviolable attachement et de mon respect.

Louis-Joseph de Bourbon.

Lettre *de Monseigneur le Prince de Condé au Roi.*

Londres, ce 30 août 1801.

Sire,

Je saisis avec empressement l'occasion du départ du duc de Fleury, pour renouveler à V. M. l'hommage d'une fidélité qui pourrait être devenue inactive, et qui n'en est pas moins gravée dans mon cœur. J'ai été bien reconnaissant de l'accueil, plein de bonté, que V. M. a bien voulu faire à ma fille, ainsi que M. le duc et Madame la duchesse d'Angoulême. L'état de religieuse ne permet pas à celle qui s'y est dévouée de cœur, avant de l'avoir embrassé de fait, d'aller faire sa cour à V. M., mais elle peut être sûre que, dans cette ame honnête et sensible, l'attachement qu'elle doit à son Roi s'accorde parfaitement avec celui dont elle est pénétrée pour son Dieu. J'ose me flatter que, dans quelque lieu de la terre où je puisse errer ou me fixer, V. M. n'aura jamais le moindre doute sur l'inébranlable constance de mon fidèle attachement et de mon tendre respect.

Louis-Joseph de Bourbon.

Lettre *de Monseigneur le Prince de Condé à S. A. R.* Monsieur, *Comte d'Artois.*

Londres, le 24 janvier 1802.

Le chevalier de Roll vous rend compte, ainsi que moi, Monsieur, de ce qui s'est passé hier. Un homme, arrivé la veille, à ce qu'il m'a dit, à pied de Paris à Calais, homme d'un ton fort simple et fort doux, malgré les propositions qu'il venait faire, ayant appris que vous n'étiez pas ici, est venu me trouver sur les onze heures du matin; il m'a proposé tout uniment de nous défaire de l'usurpateur par le moyen le plus court. Je ne lui ai pas donné le temps de m'achever les détails de son projet, et j'ai repoussé cette proposition avec horreur, en l'assurant que, si vous étiez ici, vous feriez de même ; que nous serions toujours les ennemis de celui qui s'est arrogé la puissance et le trône de notre Roi, tant qu'il ne le lui rendrait pas; que nous avions combattu cet usurpateur à force ouverte ; que nous le combattrions encore, si l'occasion s'en présentait ; mais que jamais nous n'emploierions de pareils moyens, qui ne pouvaient convenir qu'à des jacobins, et que si par hasard, ces derniers se portaient à ce crime, certainement nous n'en serions jamais complices. Pour mieux convaincre cet homme que vous pensiez comme moi, j'ai envoyé chercher l'évêque d'Arras ; mais il était sorti. Alors j'ai fait venir le baron de Roll, à qui j'ai d'abord exposé le sujet de la mission. Ensuite j'ai fait entrer l'homme, je lui ai dit que ce baron avait toute votre confiance, qu'il connaissait comme moi la grandeur de votre ame, et que j'étais bien aise de répéter devant un témoin aussi sûr tout ce que je venais de lui dire ; ce que j'ai fait. Le baron a parlé comme moi. Après cela, j'ai dit à l'homme qui était venu, qu'il n'y avait que l'excès de son zèle qui eût put le porter à venir nous faire une pareille proposition, mais que ce qu'il avait de mieux à faire était de repartir tout de suite, attendu que, s'il était arrêté, je ne le réclamerais pas, et que je ne le pourrais qu'en disant ce qu'il est venu faire. J'espère, Monsieur, que vous approuverez ma conduite, et que vous ne doutez pas du tendre et respectueux attachement dont mon cœur est pénétré pour vous.

L. J. DE BOURBON.

Lettre *du Prince de Condé au Duc d'Enghien.*

Wansted House, ce 28 février 1802.

Mon cher ami, loin d'être d'un avis dont vous n'étiez pas vous-même il y a trois mois, puisque vous me marquiez l'impatience de vous réunir à nous, je persiste plus que jamais à penser que vous ne devez entrer au service d'aucune puissance. Cela n'est pas fait pour vous, et jamais aucun des Bourbons passés ou présens n'a pris ce parti. Toutes les révolutions du monde n'empêcheront pas, quoi qu'on puisse vous dire, que vous ne restiez jusqu'à la fin de votre vie ce que Dieu seul vous a fait : c'est ce qu'il faut bien vous mettre dans la tête. Au commencement de la guerre, que j'ose croire avoir fait comme un autre, j'ai refusé d'accepter aucun grade au service de l'étranger : c'est ainsi que vous devez faire vous-même. Cette conduite vous rendrait peut-être l'allié des rebelles de la France, et pourrait vous exposer à combattre la cause de votre Roi.

C'est dans ces sentimens, mon cher ami, que je vous écris cette lettre. Que Dieu veuille vous inspirer ceux que vous nous devez à tant de titres! Alors vous mènerez une vie heureuse dans votre intérieur, en attendant la continuation de votre gloire; et nous en jouirons autant que vous-même. Je vous embrasse.

L. J. DE BOURBON.

Lettre *de Monseigneur le Prince de Condé à son Altesse Royale* Monsieur, *Comte d'Artois.*

Londres, 8 avril 1802.

J'arrive de Bukingham House. Le Roi d'Angleterre m'a reçu avec toutes sortes de bontés. Après m'avoir parlé de la manière la plus obligeante de toutes les campagnes que j'ai faites dans ma vie, il s'est étendu sur les affaires du temps, et en a parlé en *royaliste* bien décidé. Ah! qu'il serait à désirer que tous les souverains pensassent comme celui-là. Sa conversation a toujours roulé sur ce chapitre sans qu'il ait été aucunement question de projets ultérieurs. Au bout d'un quart d'heure, je me suis retiré en assurant S. M. de ma respectueuse reconnaissance.

Je vous prie, Monsieur, d'être bien sûr que toute ma vie j'attacherai toujours autant de prix à votre suffrage qu'aux bontés et à l'amitié que vous avez bien voulu me témoigner, et que je mérite par le tendre et respectueux attachement que je vous ai voué.

Louis-Joseph de Bourbon.

LETTRE *de Monseigneur le Prince de Condé à S. A. R.* MONSIEUR, *Comte d'Artois.*

Wansted House, 20 avril 1802.

LES nouvelles de gazettes n'étant ordinairement rien moins que sûres, j'avais attendu, Monsieur, la malheureuse certitude du triste événement qui vous afflige avec tant de raison, pour vous assurer de toute la part que vous ne doutez pas que j'y prends : c'est une très-grande perte que celle de cette vertueuse princesse (1), et c'est bien de tout mon cœur que je le sens, comme Bourbon, et comme inviolablement attaché à ses deux augustes frères. Les peines de votre cœur (et personne n'y est plus sensible que moi), les malheurs de notre vie à tous, paraissent à leur comble; il faut espérer qu'enfin il y aura un terme à cette longue suite d'infortunes et de chagrins.

Comme je sais qui vous instruit aussitôt des événemens que nous pouvons apprendre avant vous, je ne vous importune point de mes lettres, qui ne seraient que des répétitions. Ce qui vient de se passer à Paris; le

---

(1) La Reine de Sardaigne, sœur du Roi et de *Monsieur.*

prétendu rétablissement d'une religion qu'on outrage; cet espèce de sacre dont on ose célébrer la dérisoire cérémonie, en face de cet autel antique et saint, souillé des plus monstrueuses impiétés du paganisme; cette profanation de l'Evangile que des mains infidèles à Dieu et au Roi oseront toucher en consacrant le parjure; tout cela révolte mon ame, et désole mon cœur, mais sans les décourager. Je suis sûr que vous pensez comme moi, Monsieur, et j'ai l'intime persuasion que c'est à vous que le ciel réserve l'honneur de relever le trône et les autels.

 Je vous prie de croire à mon sincère attachement.

LOUIS-JOSEPH DE BOURBON.

LETTRE *de Monseigneur le Prince de Condé à Monseigneur le duc d'Angoulême.*

Wansted House, 13 mai 1802.

Monsieur,

Je suis bien sensible à la marque de bonté que vous voulez bien me donner, et que je reçois par le comte Descars; elle me prouve que l'attachement que j'ai tâché de vous montrer en toutes occasions pendant le temps que nous avons été ensemble, ne vous a pas été désagréable, et votre souvenir me sera toujours précieux. Votre âge, votre goût pour le militaire, et votre application au métier de la guerre, vous mettent à présent dans le cas de rentrer dans tous les droits de votre naissance, pour commander les armées dans lesquelles vous jugerez à propos de paraître; et il n'est pas un bon Français, à commencer par moi, qui ne se fasse honneur de marcher sous vos ordres. Personne ne désire sûrement plus que moi que la contre-révolution s'opère avec le moins d'effusion de sang possible, et par le retour de cet ancien attachement que les Français portaient à leur Roi légitime.

Je sens comme je le dois, Monsieur, toutes les honnêtetés que vous voulez bien me dire: je voudrais les mériter; mais je me rends justice, et ne les regarde que comme un témoignage flatteur de vos bontés pour moi. J'espère que vous êtes aussi persuadé que vous devez l'être de mon attachement au Roi et à votre personne.

Je vous prie de présenter à Madame la duchesse d'Angoulême l'hommage bien sincère de ma vénération pour ses vertus, et de mon respect pour sa personne.

LOUIS-JOSEPH DE BOURBON.

Lettre *de Monseigneur le Prince de Condé au Roi.*

Wansted House, 13 mai 1802.

D'après ce que V. M. me fait l'honneur de me demander, je dois juger qu'elle se borne, pour le présent, à être aux aguets *d'un moment qui viendra tôt ou tard.* La providence est sans doute la plus solide base de notre espoir pour le succès tant attendu de la plus juste des causes. Mais le temps qui s'écoule efface bien des souvenirs, accoutume bien des choses, affaiblit bien des sentimens. Je ne l'éprouve pas, mais je ne le vois que trop. Au reste, la prudence et la sagesse de V. M. ne pourraient sûrement que préparer de plus en plus le succès des moyens actifs qu'elle croit devoir prendre pour retrouver le trône qui lui appartient, et dont le rétablissement importe autant à l'existence de l'Europe qu'au bonheur de la France, et, j'oserai dire, du monde entier. J'ose me flatter que V. M. veut bien rendre justice à la constance de mon attachement à sa cause et à sa personne, ainsi qu'à mon profond respect.

Louis-Joseph de Bourbon.

LETTRE *de Monseigneur le Prince de Condé au Duc de Berri.*

Wansted, ce 27 septembre 1802.

C'EST avec le plus sensible plaisir que j'ai reçu la marque de souvenir que M. le duc de Berri veut bien me donner. Je l'aurais sûrement prévenu en le félicitant sur son heureuse arrivée, si l'on ne m'avait pas assuré qu'il allait venir très-incessamment à Londres. Je suis bien fâché d'apprendre que son incommodité nous prive de sa présence; mais je serais trop affligé, s'il ne me restait pas quelque espoir de lui présenter de vive voix mes hommages. Sans doute, notre existence est cruelle; mais nous avons une grande consolation, celle d'avoir fait notre devoir. Ce n'est plus à moi, dans la circonstance présente; c'est à vous, à relever l'étendard royal, et à nous tous, à marcher sous vos ordres ou sous ceux de *Monsieur*. Votre extrême jeunesse a pu nécessiter pendant quelque temps l'inconvenance que vous fussiez sous les miens; mais tant qu'il me restera un peu de force, je me ferai gloire d'être votre premier grenadier; et s'il se présente en France quelque lueur d'espoir du rétablissement de notre Roi, vous me trouverez toujours prêt à marcher à votre suite.

Mon fils est bien sensible à ce que vous voulez bien me dire pour lui; il me charge de vous présenter l'hommage de sa reconnaissance. Recevez, Monsieur, celui de l'attachement tendre et sincère que je vous a voué.

Louis-Joseph de Bourbon.

Lettre *de S. A. S. E. Monseigneur le Margrave de Baden à S. A. S. le Duc d'Enghien.*

A Carslhousè, ce 4 septembre 1802.

L'intérêt que votre Altesse daigne prendre à quelques Français qui ont eu l'honneur de le suivre à Ettenheim, et l'attachement qu'ils lui portent, garantissent suffisamment leur conduite sage et tranquille.

En conséquence, je leur accorde avec d'autant plus d'empressement le séjour ultérieur à Ettenheim, que cette circonstance me procure la satisfaction de prouver à votre Altesse les sentimens de la haute considération avec laquelle je suis,

De votre Altesse,

Le très-affectionné serviteur,

Charles-Frédéric, Margrave de Baden.

LETTRE *de Monseigneur le Prince de Condé
à* Monsieur, *Comte d'Artois.*

Wansted, le 8 avril 1803.

MONSIEUR,

JE n'ai reçu qu'avant hier au soir a lettre de *Monsieur*, du 30 mars. Je suis on ne peut pas plus sensible à la confiance qu'il veut bien me témoigner, en me communiquant particulièrement l'incroyable proposition qui a été faite au Roi (1), la superbe réponse de sa

---

(1) La proposition faite au Roi par Buonaparte de renoncer au trône de France.

Le 26 février 1803, un personnage marquant, puissamment autorisé, s'est présenté chez le Roi de France, à Varsovie, et a fait verbalement à sa Majesté, dans les termes les plus honnêtes, mais en même temps les plus pressans, et qu'il a crus les plus persuasifs, l'étonnante proposition de renoncer au trône de France, et d'exiger la même renonciation, de tous les membres de la Maison de Bourbon. L'envoyé ajouta que, pour prix de ce sacrifice, Buonaparte lui assurerait des indemnités, et même une existence brillante. Sa Majesté, fortement animée de ce sentiment noble et profond que le malheur ne détruit jamais dans les ames élevées, et qui l'attache autant à ses droits qu'au bonheur de la France, a fait sur-le-champ, avec autant de présence d'esprit que de dignité, la ré-

Majesté, et les ordres qu'elle nous envoie pour y adhérer. Jamais ordre d'un Roi à sa famille n'aura été exécuté avec plus de joie, de fidélité, de sentiment et de chaleur que celui ci. Vous étiez sûrement plus en état que personne de nous dicter la forme de cette adhésion : mais vous voulez bien me demander mes idées, j'obéis. Comme le Roi nous dit lui-même que cet acte doit être public un jour (et le plus tôt vaudrait le mieux), je pense qu'un écrit signé

***

ponse suivante, et l'a remise par écrit, le 28, à la personne qui lui était envoyée.

Réponse du Roi.

« Je ne confonds pas M. Bonaparte avec ceux qui l'ont
« précédé ; j'estime sa valeur, ses talens militaires ; je lui
« sais gré de plusieurs actes d'administration, car le bien
« que l'on fera à mon peuple me sera toujours cher. Mais
« il se trompe, s'il croit m'engager à transiger sur mes
« droits : loin de là, ils les établirait lui-même, s'ils
« pouvaient être litigieux, par la démarche qu'il fait en
« ce moment.

« J'ignore quels sont les desseins de Dieu sur ma race et
« sur moi ; mais je connais les obligations qu'il m'a imposées
« par le rang où il lui a plu de me faire naître.
« Chrétien, je remplirai ces obligations jusqu'à mon dernier
« soupir ; fils de Saint-Louis, je saurai, à son
« exemple, me respecter jusque dans les fers ; successeur
« de François Ier, je veux du moins pouvoir dire comme
« lui : *Nous avons tout perdu, fors l'honneur.* »

de la Maison de Bourbon, surtout dans une occasion comme celle-ci, doit être plus précis que détaillé, plus noble qu'éloquent, et plus imprégné du sentiment de l'honneur que de tout autre. Je crois même que ce qui pourrait paraître un peu chevaleresque dans tout autre cas, n'est point hors de saison dans celui où l'on ose proposer à une race antique, aussi connue par l'hérédité de son courage que par celle de ses droits, de consentir elle-même à son propre avilissement. Je me permets donc, Monsieur, de mettre sous vos yeux, comme vous le désirez, un aperçu de ce que je crois qu'on pourrait dire; car il me semble qu'une adhésion pure et simple sur d'aussi grands intérêts ne fixerait pas assez les yeux de la France et de l'Europe sur le sentiment profond que doivent éprouver des ames élevées sur une pareille proposition. Loin de nous tout ce qui pourrait paraître injure ou allusion; le respect nous le défend à l'extérieur, et la prudence dans l'intérieur : mais, excepté cela, tout ce qui peut marquer la vigueur la plus persévérante nous est non-seulement permis, mais même commandé par notre naissance, notre position, notre attachement au Roi, et notre honneur. Ainsi, Monsieur, je soumets mes idées aux vôtres (1) ; et, dans tout ce qui pourra intéresser le service du Roi ou la grandeur de la Maison de Bourbon, je me rallierai toujours à nos chefs avec autant de confiance que d'empressement.

Signé Louis-Joseph de Bourbon.

---

(1) *Adhésion des Princes à la Réponse faite par le Roi à Bonaparte.*

Pénétrés des mêmes sentimens dont S. M. Louis XVIII, Roi de France et de Navarre, notre Seigneur et Roi, se montre si glorieusement animé dans sa noble réponse à la proposition qui lui a été faite de renoncer au trône de France, et d'exiger de tous les princes de la maison de Bourbon une renonciation à leurs imprescriptibles droits de succession à ce même trône,

Déclarons

Que notre attachement à nos devoirs et notre honneur ne pourront jamais nous permettre de transiger sur nos principes et sur nos droits, et que nous adhérons de cœur et d'ame à la Réponse de notre Roi ;

Qu'à son illustre exemple, nous ne nous prêterons jamais à la moindre démarche qui pût avilir la Maison de Bourbon, et lui faire manquer à ce qu'elle se doit à elle-même, à ses ancêtres, à ses descendans ;

Et que si l'injuste emploi d'une force majeure parvenait (ce qu'à Dieu ne plaise) à placer de fait, et jamais de droit, sur le trône de France tout autre que notre Roi légitime, nous suivrons avec autant de confiance que de fidélité la voix de l'honneur, qui nous prescrit d'en appeler jusqu'à notre dernier soupir, à Dieu, aux Français, et à notre épée.

(*Suivent les signatures des Princes.*)

LETTRE *de Monseigneur le Prince de Condé au Roi.*

Wansted, le 22 avril 1803.

SIRE,

APRÈS avoir rempli avec les autres princes de votre Maison qui se trouvent en Angleterre, le devoir que nous imposait l'incroyable circonstance dont votre Majesté a bien voulu nous faire part, qu'il me soit permis de lui offrir l'hommage particulier de mon admiration pour les superbes réponses qu'elle a faites à la proposition dont elle a daigné nous instruire (1). Faits pour marcher en toute occasion à la suite de votre Majesté, c'est avec autant d'enthousiasme que de reconnaissance que nous avons suivi le glorieux exemple et les ordres paternels que votre Majesté nous donnait, dans ces temps malheureux dont votre Majesté se trouve (passagèrement, je ne cesse de l'espérer) la première victime. C'est une grande consolation pour ceux qui ont l'honneur de lui appartenir par

---

(1) **La proposition de Buonaparte au Roi.**

les liens du sang, de n'avoir qu'à suivre les traces d'un Roi qui sait si dignement repousser l'injure, et répondre avec autant de raison, de noblesse et d'éloquence à une pareille proposition. Puissent les Français apercevoir enfin tout le bonheur dont ils se priveraient, s'ils ne remettaient pas sur son trône un Roi si digne de les gouverner, et dont toutes les paroles et les actions commandent également le respect et l'amour !

Mon attachement particulier à la personne de votre Majesté redoublerait, s'il était possible, après ce qu'elle vient de faire; mais il y a long-temps que ce sentiment est si fortement gravé dans mon cœur que ma vénération pour les vertus de votre Majesté et mon profond respect pour elle.

Louis-Joseph de Bourbon.

LETTRE *du Roi à Monseigneur le Prince de Condé.*

A Varsovie, ce 23 mai 1803.

J'AI reçu, mon cher cousin, à fort peu de distance l'une de l'autre, vos deux lettres des 9 février et 24 avril. Vous ne pouvez douter du plaisir que m'ont fait les sentimens et les raisonnemens de la première ; mais, vu sa date, je me borne à vous en accuser la réception, et je passe bien vite à la seconde. Votre commune adhésion à ma réponse m'a exalté, m'a rendu fier d'être votre aîné ; j'ai reçu avec transport le serment qui la termine si noblement : mais je vous avoue ma faiblesse; mon amour propre a peut-être encore plus joui de votre lettre particulière. L'approbation d'un parent justement chéri, d'un guerrier blanchi sous les lauriers, d'un connaisseur si délicat en matière d'honneur, est la récompense la plus flatteuse pour celui qui n'a, au fond, d'autre mérite que d'avoir fait son devoir.

J'ai reçu en même temps la réponse de votre petit-fils : elle est beaucoup plus ancienne ; mais, comme de raison, il a cru devoir pour me la faire passer, préférer la sûreté à la promptitude. Comme il est possible que, par le même motif, il ne vous en ait pas donné connaissance, j'en joins ici copie, bien sûr qu'elle vous fera plaisir, et qu'ainsi que moi vous y reconnaîtrez le sang des Bourbons.

Adieu, mon cher cousin, vous connaissez toute mon amitié pour vous.

Signé LOUIS.

Assurement cher papa il faut me connoitre bien peu pour avoir pu dire, ou chercher a faire croire, que j'avois mis le pied sur teritoire républicain autrement qu'avec le rang et a la place ou le hazard m'a fait naître. je suis trop fier pour courber bassement ma tête et le 1er consul pourra peutêtre venir a bout de me détruire, mais il ne me fera pas m'humilier. on peut prendre l'incognito pour voyager dans les glaciers de suisse comme je l'ai fait l'an passé n'ayant rien de mieux a faire; mais pour en france quant j'en ferai le voyage je n'aurai pas besoin de m'y cacher. je puis donc vous donner ma parole d'honneur la plus sacrée que pareille idée ne m'est jamais entrée et ne m'entrera jamais dans la tête. des méchants ont pu désirer en vous racontants ces absurdités, me donner un tort de plus a vos yeux, je suis acoutumé a de pareils services que l'on s'est toujours empressé de me rendre et je suis trop heureux qu'ils soient enfin réduits a employer des calomnies aussi absurdes.

je vous embrasse cher papa et vous prie de ne jamais douter de mon profond respect comme de ma tendresse

L. A. H. de Bourbon

Ettenheim ce 18 juillet 1803

Réponse *du Duc d'Enghien à Monseigneur le Prince de Condé.*

Ettenheim, ce 18 juillet 1803.

Assurément, mon cher papa, il faut me connaître bien peu pour avoir pu dire ou chercher à faire croire que j'avais mis le pied sur le territoire républicain, autrement qu'avec le rang et à la place où le hasard m'a fait naître. Je suis trop fier pour courber bassement ma tête ; et le premier consul pourra peut-être venir à bout de me détruire, mais il ne me fera pas m'humilier. On peut prendre l'incognito pour voyager dans les glaciers de Suisse, comme je l'ai fait l'an passé, n'ayant rien de mieux à faire ; mais, pour en France, quand j'en ferai le voyage, je n'aurai pas besoin de m'y cacher. Je puis donc vous donner ma parole d'honneur la plus sacrée que pareille idée ne m'est jamais entrée et ne m'entrera jamais dans la tête. Des méchans ont pu désirer, en vous racontant ces absurdités, me donner un tort de plus à vos yeux. Je suis accoutumé à de pareils services, que l'on s'est toujours empressé de me rendre, et je suis trop heureux qu'ils soient enfin réduits à employer des calomnies aussi absurdes.

Je vous embrasse, cher papa, et vous prie de ne jamais douter de mon profond respect, comme de ma tendresse.

L. A. H. DE BOURBON.

Lettre *du Roi Louis XVIII à Monseigneur le Prince de Condé.*

A Varsovie, ce 9 avril 1804.

Je reçois l'affreuse nouvelle, mon cher cousin(1). J'aurais plus besoin de recevoir moi-même des consolations que je ne suis en état de vous en donner. Une seule pensée peut nous en fournir : il est mort comme il avait vécu, en héros. Ah ! du moins que ce malheur n'en entraîne pas d'autres ! Songez que la nature n'a pas seule des droits sur vous, et que le vainqueur de Friedberg et de Berstheim se doit aussi à la France, à son Roi, à son ami. Adieu, mon cher cousin.

LOUIS.

---

(1) L'assassinat du duc d'Enghien.

Lettre *de Monseigneur le Duc d'Angoulême
à Monseigneur le Prince de Condé.*

Varsovie, ce 9 avril 1804.

Monsieur mon cousin, navré de la douleur la plus amère et la plus vivement sentie, permettez-moi de joindre mes larmes aux vôtres. Je n'ai pas besoin de vous assurer de leur sincérité ; j'ose me flatter que vous connaissez assez tous les sentimens qui m'attachent à vous, pour n'en point douter. Ce n'est point un cousin que je perds, c'est un frère ; et c'est à ce titre que je regrette infiniment de n'être pas auprès de vous, je ne dis pas, pour vous offrir des consolations (car il n'en existe que dans la religion pour un pareil malheur), mais pour pleurer avec vous. Ma femme, qui partage entièrement mes sentimens, me charge de vous les témoigner, et de vous dire combien, ayant éprouvé elle-même les pertes les plus affreuses, elle ressent plus vivement votre malheur. Agréez, Monsieur, l'assurance de notre profonde douleur, ainsi que de la haute considération, et du plus tendre et sincère attachement avec lequel je suis pour la vie, Monsieur mon cousin,

Votre très-affectionné cousin,

Louis-Antoine.

Monsieur mon Cousin, Navré de la douleur la plus amère et la plus vivement sentie, permettez moi de joindre mes larmes aux vôtres, je n'ai pas besoin de vous assurer de leur sincérité. J'ose me flatter que vous les unissez avec tous les sentiments qui m'attachent à vous, pour n'en point douter. Ce n'est point un cousin que j'ai perdu c'est un frère, c'est à ce titre que je regrette infiniment de n'être pas auprès de vous (Je ne dis pas pour vous offrir des consolations, car il n'en existe, que dans la Religion, pour un pareil malheur) mais pour pleurer avec vous. Ma femme qui partage entièrement mes sentiments, me charge de vous le témoigner et de vous dire combien, après avoir éprouvé elle même les pertes les plus affreuses, elle ressent plus vivement notre malheur. — Agréez, Monsieur l'assurance de notre profonde douleur, ainsi que de la haute considération, et du plus tendre et sincère attachement avec lequel je serai par la vie, Monsieur mon Cousin,

Votre très affectionné cousin
Louis Antoine

Varsovie 9. Avril 1804.

Monsieur mon Cousin, je ne puis me refuser a vous exprimer moi même la part bien vive que je prends à la Douleur qui nous accable et que mon cœur partage bien sincèrement. malgré tous ce que j'ai souffert, les pertes cruelles que j'ai éprouvées, je n'aurois jamais pu imaginer l'Evenement Affreux qui nous met tous Dans le deuil. j'ai été voir ce Matin la S[elle] Louise je l'ai trouvée avec ce Calme de la Douleur que la Religion et la Résignation aux Decrets de la providence peuvent seuls Donner, elle n'est occupée que De vous, Monsieur elle y pense sans cesse, et alors les Larmes soulagent son Cœur oppressé. je n'écris pas à M[r] le Duc de Bourbon, mais veuillez être l'Interprete De mes Sentimens près De lui, et comptez, je vous prie, sur mes vœux pour que soutenu par votre Courage votre Santé résiste à la trop Juste Douleur De notre cruelle et Commune perte. je suis, Monsieur mon Cousin.

ce 9. Avril 1804.

votre très affectionnée Cousine
Marie Thérèse.

Lettre *de* Madame, *Duchesse d'Angoulême, à Monseigneur le Prince de Condé.*

Varsovie, ce 9 avril 1804.

Monsieur mon cousin, je ne puis me refuser à vous exprimer moi-même la part bien vive que je prends à la douleur qui vous accable, et que mon cœur partage bien sincèrement. Malgré tout ce que j'ai souffert, les pertes cruelles que j'ai éprouvées, je n'aurais jamais pu imaginer l'événement affreux qui nous met tous dans le deuil. J'ai été voir ce matin la princesse Louise : je l'ai trouvée avec ce calme de la douleur que la religion et la résignation aux décrets de la providence peuvent seules donner. Elle n'est occupée que de vous, Monsieur, elle y pense sans cesse, et alors les larmes soulagent son cœur oppressé. Je n'écris pas à Monsieur le duc de Bourbon, mais veuillez être l'interprète de mes sentimens auprès de lui; et comptez, je vous prie, sur mes vœux, pour que, soutenue par votre courage, votre santé résiste à la juste douleur de notre cruelle et commune perte.

Je suis, Monsieur mon cousin, votre très-affectionnée cousine,

Marie-Thérèse.

LETTRE *du Roi à Monseigneur le Prince de Condé.*

A Varsovie, ce 7 mai 1804.

Je désirais, mon cher cousin, et je craignais presque également de recevoir de vos nouvelles. Je connais assez votre tendresse et votre fermeté ; l'une m'effrayait pour vous, l'autre pouvait à peine me rassurer : votre lettre a terminé cette pénible incertitude. Elle a, il est vrai, renouvelé ma douleur, mais elle a calmé mes trop justes craintes pour vous : c'est le seul baume qui pût en ce moment être versé sur la plaie de mon cœur. Elle est bien cruelle, cette plaie, elle saignera toujours ; mais, tant que votre fils et vous me serez conservés, elle sera supportable.

C'est sans doute un adoucissement à votre douleur, de songer qu'aucune imprudence de celui que nous pleurons n'a causé notre malheur ; mais il avait, aux yeux du tyran, deux crimes irrémissibles : son nom et sa gloire.

Je me suis acquitté de vos commissions pour la Reine et pour mes enfans. Ils se sont empressés de vous exprimer leurs sentimens, en appre-

À Varsovie ce 7 Mai 1804.

Je désirois, mon cher cousin, et je craignois presque également de recevoir de vos nouvelles, je m'attens à votre tendresse et votre fermeté, l'une m'effrayoit pour vous, l'autre pouvoit à peine me rassurer. Votre lettre a terminé cette pénible incertitude, elle a, il est vrai, renouvellé ma douleur, mais elle a calmé mes trop justes craintes pour vous, c'est le seul baume qui puisse en ce moment être versé sur la playe de mon cœur. Elle est bien cruelle, cette playe, elle saignera toujours, mais tant que votre fils et vous, me serez conservés, elle sera supportable.

C'est sans doute un adoucissement à votre douleur, de songer qu'aucune imprudence de celui que vous pleurez, n'a causé notre malheur, mais il avoit aux yeux du Tyran deux crimes irrémissibles, son nom et sa gloire.

Je me suis acquitté de vos commissions pour la Reine, pour mes enfans, ils se sont empressés de vous exprimer leurs sentimens en apprenant sa fatale nouvelle, aujourd'hui, ils ne peuvent qu'admirer le courage que vous avez eu de m'écrire dans une telle affliction.

Votre fille vous répond sûrement aujourd'hui, ainsi qu'à son frere, je crois cependant remplir un devoir en même temps que je goûte une véritable consolation, de vous dire qu'elle est aussi bien que vous pourriez vous en flatter et qu'elle a reçu ce coup affreux avec toute la sensibilité que vous lui connoissez, mais avec toute la force que donne la Religion.

Adieu mon cher cousin, vous connoissez toute mon amitié pour vous.

LOUIS

nant la fatale nouvelle ; aujourd'hui ils ne peuvent qu'admirer le courage que vous avez eu de m'écrire dans une telle affliction.

Votre fille vous répond sûrement aujourd'hui, ainsi qu'à son frère. Je crois cependant remplir un devoir, en même temps que je goûte une véritable consolation de vous dire qu'elle est aussi bien que nous pouvions nous en flatter; et qu'elle a reçu ce coup affreux avec toute la sensibilité que vous lui connaissez, mais avec toute la force que donne la religion.

Adieu, mon cher cousin ; vous connaissez toute mon amitié pour vous.

Louis.

Lettre *de Monseigneur le Prince de Condé au Roi.*

Mai, 1804.

Sire,

L'affreux événement que j'éprouve et qui me brise le cœur, et qui le déchirera jusqu'à la fin de mes tristes jours (heureusement prochaine), ne m'empêche point d'être plus sensible que je ne puis le dire à V. M., à l'obligeante et tendre lettre que je viens de recevoir d'elle. Cette lettre me pénètre d'une reconnaissance aussi profonde que les regrets qui l'occasionnent, et c'est tout dire. V. M. sentira que, dans l'état où je suis, je ne serais pas lisible si j'écrivais long-temps, et j'espère qu'elle me pardonnera de finir en l'assurant qu'elle n'a point de prince de son sang qui lui soit plus attaché que moi.

Je suis avec le plus profond respect,

Sire,

De votre Majesté,

Le très-humble et très-obéissant serviteur et sujet,

Louis-Joseph de Bourbon.

Lettre *de l'Empereur Alexandre à Monseigneur le Prince de Condé.*

A Saint-Pétersbourg, le 1ᵉʳ juin 1804.

Monsieur mon cousin, j'ai reçu les deux lettres de votre Altesse du 6 et du 18 avril sur l'enlèvement et la fin tragique d'un prince dont je connaissais les exploits et les qualités si rares à son âge. Les vues de la politique ne devant point étouffer les sentimens d'humanité, j'ai manifesté ouvertement les miens sur cet événement, et je désire qu'en l'apprenant, votre Altesse en ait ressenti quelque consolation.

Il est certain que je n'eusse rien négligé pour sauver, s'il eût été possible, ce digne rejeton d'une race illustre ; mais je n'ai appris ces dangers que quand le coup était déjà frappé. Maintenant que votre malheureux et illustre petit-fils n'existe plus, je ne puis que déplorer avec vous sa cruelle destinée, et prendre la part la plus vive à vos chagrins, vous priant d'être persuadé des sentimens sincères d'estime et d'intérêt avec lesquels je suis,

Monsieur mon cousin,

De votre Altesse

Le bien affectionné cousin.

ALEXANDRE.

A S. A. le Prince de Condé.

Lettre de S. A. S. Monseigneur le Duc de Bourbon à M. Jacques (*).

Wansted House, ce 3 février 1805.

Après le malheur cruel dont j'ai été accablé, mon cher Jacques, je ne pouvais éprouver d'adoucissement mieux senti à ma

---

(*) M. le baron de Saint-Jacques était secrétaire de Monseigneur le duc d'Enghien. S. A. S. avait pour lui l'amitié la plus affectueuse, et M. de Saint-Jacques s'est toujours montré digne de cette tendre affection en signalant sa reconnaissance par le plus noble dévouement envers cet illustre héritier de tant de gloire et de si nobles vertus. En 1804, M. de Saint-Jacques était à Ettenheim et habitait une maison voisine de celle du prince. Aussitôt qu'il apprit que S. A. S. était en péril, il sortit à moitié vêtu pour voler à son secours, et envoya en même temps un domestique à l'église pour sonner le tocsin; mais le clocher était déjà envahi par des soldats dévoués au tyran, qui maltraitèrent le domestique et l'empêchèrent de remplir sa mission. M. de Saint-Jacques était malade lorsqu'on fit partir le prince, ce qui ne l'empêcha pas de se présenter aux satellites pour l'accompagner. On le repoussa d'abord: mais, ayant fortement insisté pour partager les dangers de son prince, on le laissa entrer. « C'est toujours un de plus, dit-on. » Il suivit le prince à Strasbourg, puis à Paris, où Bonaparte le fit mettre dans un cachot, d'où il n'est sorti que plusieurs années après l'assassinat du duc d'Enghien. Enfin M. de Saint-Jacques a obtenu la douce consolation de revoir les augustes parens de son prince, de ce prince qu'il pleurera toujours.

vive douleur que de vous savoir vous-même hors de danger, vous qui méritez, à tous égards, la confiance et l'amitié de ce cher enfant que je pleurerai toute ma vie. Les larmes me suffoquent, et je ne me sens pas la force, en ce moment, mon cher Jacques, de parler affaire avec vous. M. de Contye veut bien se charger de cette pénible commission. Vous pouvez prendre confiance en ce qu'il vous dira de ma part, et vous conformer ponctuellement aux ordres qu'il vous transmettra, tant de la part de mon père que de la mienne. Croyez, mon cher Jacques, à mon entière confiance et bien sincère amitié pour vous.

L. H. J. DE BOURBON.

FIN.

DE L'IMPRIMERIE DE J. GRATIOT.

Wanstead house ce 3 fev.
1805

Après le Malheureux Cruel dont j'ai été accablé mon cher Jacques, je ne pouvois éprouver d'Adoucissement Mieux Senti à Ma Vive douleur que de Vous Savoir Vous Même hors de danger, Vous qui Méritez à tous Egards la Confiance et l'Amitié de ce Cher Enfant que je pleurerai toute Ma Vie. Les Larmes me Suffoquent et je ne Me Sens pas la force en ce Moment mon cher Jacques de parler affaires avec Vous. M. de Contye Vice Roi Se chargea de cette Pénible Commission Vous Voudrés prendre Confiance en ce qu'il Vous dira de ma part et Vous Conformer Ponctuellement aux Ordres qu'il Vous Transmettra tant de la part de Mon Pere que de la Mienne Croyés mon cher Jacques à Mon entière Confiance, et à Ma Sincere Amitié pour Vous

A. L. J. de Bourbon

www.ingramcontent.com/pod-product-compliance
Lightning Source LLC
Chambersburg PA
CBHW070453170426
43201CB00010B/1327